GEORG SCHWIKART
MYSTIK FÜR ALLE!

Georg Schwikart

MYSTIK FÜR ALLE!

Entdeckungen in der Bibel

VERLAG NEUE STADT
MÜNCHEN · ZÜRICH · WIEN

*Für Heiko, Johannes, Martin,
Merle, Sophie und Tabea –
jene jungen Menschen,
die ich auf dem Weg ins geistliche Amt
ein paar Schritte begleiten durfte.*

Klimaneutral gedruckt. Weil jeder Beitrag zählt.

2020, 1. Auflage
© Alle Rechte bei Verlag Neue Stadt GmbH, München
Umschlaggestaltung und Satz: Neue-Stadt-Grafik
Coverfoto: Klaus Honermann
Druck und Bindung: CPI – Clausen & Bosse, Leck
ISBN 978-3-7346-1213-8
www.neuestadt.com

Vorwort

„Ein Klaps, ein Schrei, und eine neue Zeit beginnt." Dieser Spruch Georg Schwikarts hing lange über meinem Schreibtisch, er hatte ihn als Weihnachtskarte verschickt. Inzwischen, nach mehreren Umzügen, ist die Karte unansehnlich und voller Reißzwecken-Löcher. Ich habe sie weggeworfen. Ich brauche sie auch gar nicht mehr. Denn der Spruch ist in meinem Herzen gelandet und geht da nicht wieder raus. Warum? Weil er das absolut Menschliche Jesu mit dem ganz Großen in Zusammenhang bringt. Das Jesusbaby hat sich ja dummerweise als holder Knabe mit lockigem Haar in unsere Köpfe gesetzt. Dass er ein ganz normaler Säugling war, blutverschmiert von der Geburt, nass und zerknautscht, dass ihm jemand einen Klaps gibt, damit die Atmung beginnt – dieses Bild hat mich berührt. Theoretisch ist das alles ja klar: Gott wurde Mensch, ganz und gar. Aber was das praktisch heißt, das blenden wir am liebsten aus. Und mit so einem Baby – das alles macht, was Babys so machen: schreien, saugen, in die Windel machen – beginnt eine neue Zeit. Schwikart bringt's zusammen. Er ist ein Meister der Worte und Formulierungen.

Und nun widmet er sich der Mystik. Für mich ist dieser Begriff mit einem Zitat eines anderen frommen Mannes verknüpft, der behauptete:

„Wäre Christus tausendmal in Bethlehem geboren
und nicht in dir:
Du bliebest doch in alle Ewigkeit verloren."

Der schlesische Arzt und Priester Angelus Silesius hat's vor gut 350 Jahren gesagt. Auch dieser Satz begleitet mich seit Jahrzehnten. Christus soll in mir geboren werden? Eine mystische Weisheit setzt dabei an: Das bloße Fürwahrhalten der Geburt Jesu verändert das Herz nicht. Doch wer sich davon anrühren lässt, dass Gott Mensch geworden ist, wird spüren, dass er ein Teil eines großen Ganzen ist, das die Grenzen des Erfahrbaren überschreitet. Die Erkenntnis des Angelus Silesius – der übrigens eigentlich Johannes Scheffler hieß – beschreibt eine mystische Ur-Erfahrung des Christentums.

Eine Gemeinsamkeit der Wortgeber meiner Lieblingszitate ist auffallend: Beide sind Konvertiten. Scheffler trat über in die römisch-katholische Kirche. Schwikart wechselte mit einigem Aufsehen von der katholischen in die evangelische Kirche. Der Unterschied: Scheffler erklärte Luther zum Teufel. Schwikart hingegen hebt weiter die Schätze der Kirche, der er aus persönlichen Gründen den Rücken zugekehrt hat. Grenzen, auch konfessionelle, überspringt Schwikart mit Freude und in dem Bewusstsein: Gott lässt sich weder einpferchen noch kleinmachen oder reduzieren auf eine Konfession! Und er „berührt" – Katholiken und Protestanten und nicht nur sie. Wer die katholische Kirche mit ihren Ritualen als der Mystik näher als die Protestanten sieht, geht fehl. Luther war ein Mystiker, er schätzte die Schriften der mittelalterlichen Mystiker Johannes Tauler und Meister Eckart. Bei ihm las er: „Man soll Gott nicht außerhalb von sich selbst erfassen wollen, sondern als mein eigen und als das, was in mir ist. Gott und ich, wir sind eins."

Vielleicht hat die Hinwendung zur Mystik ja auch etwas mit dem Alter zu tun und mit den Erfahrungen, die man im Leben sammelt. „Je älter ich werde, desto mehr werden mir die großen

Wahrheiten des Glaubens suspekt", bekennt Schwikart und freut sich, dass in ihm das kindliche Gemüt stärker geworden ist als das rationale Bemühen, theologische Dogmen in ein System zu biegen, das den Glauben und dessen Folgen für das Leben halbwegs verständlich erklärt.

Folgerichtig schreibt Schwikart viel über sich und seine ganz persönlichen Gaubenserfahrungen, wenn er die Mystik der Bibel erkundet. Und inmitten der Schar jener Priester, Pfarrer und Pastorinnen, die stets Antworten parat haben, gibt Schwikart zu, oft auf Fragen antworten zu müssen: „Ich weiß es nicht!" Diese Erkenntnis macht frei, Gott im tiefsten zu begegnen. Da, wo keine Dogmen, keine fremden Wahrheiten und keine vorgekauten spirituellen Tipps mehr wirken.

München, im Oktober 2019
Uwe Birnstein

Inhalt

Vorwort 5

Mystik – für alle 13

Kapitel I
*Ich bin gekommen,
die Blinden sehend zu machen,
und denen, die sich für sehend halten,
zeige ich, dass sie blind sind.
Johannes 9,39*

Der Nackte 17
Gesucht: der Andere 19
Hauptsache: nicht lau! 21
Weniger müssen müssen 23
Im Anfang 25
Der ferne Gott, so nah 27
Unhörbar, unüberhörbar 29
Ich hinke, aber ich lebe 31
Heilig, heilig, heilig 34
Eigentliche Abhängigkeit 38
Wahre Worte 41

Kapitel II
*Gelobt sei der Name Gottes von Ewigkeit zu Ewigkeit!
Er allein ist weise und mächtig.
Er ist es, der die Gewalt
über Zeiten und Veränderungen hat.
Daniel 2,20f*

Von Anfang bis Zweifel	47
Kein Haus groß genug, kein Wort, kein Zeichen	50
Trübe Spiegel	53
Verstand ist gut, Verstehen ist mehr	56
Gottesdurst	58
Durstlöscher	60
Eine Liebesgeschichte	63
Der fremde Herrscher	66
Eure Bilder sind eure Bilder	71
Jesus – Gott zum Sehen	75
„Richtig!" und „Falsch!" ist richtig falsch	80
Verlieren, um zu finden	84

Kapitel III
*Der Herr sei dir besonders nahe und gebe dir seinen Frieden.
4. Mose 6,26*

Seelennahrung	91
Tempelreinigung	95
Seufzen tut gut	99
Erfüllte Stille	103
Hören, gehören, gehorchen	106
Liebe und tu, was du willst	112
Stark wie der Tod	117

Kapitel IV
Jetzt weiß ich, dass es wahr ist:
Gott macht keine Unterschiede zwischen den Menschen.
Apostelgeschichte 10,34

Was allein bewegt	123
Tragen und ertragen	127
Ein Volk von Priesterinnen und Priestern	131
Ist Gott nur unser Gott?	135
Gottes Haus hat viele Türen	141
Belastete Wörter	144
Hinter allem	148
Heimatgefühle	153

Mystik – für alle

Deine Worte sind mein Leben. Ich freue mich von Herzen, wenn du mit mir redest, denn ich gehöre ja dir, Herr, du Allmächtiger.

Jeremia 15,16

Welch ein Segen: Ich bin ein Christ und habe das Glaubensbekenntnis, die Heilige Schrift, die Kirche mit ihren Amtsträgern; mir stehen Gotteshäuser, Frömmigkeitsübungen, eine Ethik und große Traditionen zur Verfügung. Das ist ein wahrer Schatz!

Aber manchmal wird mir das alles zu viel, zu eng, manchmal sucht mein Glaube die große Freiheit und will alles hinter sich lassen. Dabei hilft mir der mystische Weg.

Mystik ist kein eigener Glaube, sondern in allen Bekenntnissen und Religionen ein intensiver Weg zu Gott. Die Mystik ist überzeugt: Alles ist Zeichen! Die Wahrheit jenseits der Symbole ist unbeschreiblich größer und weiter und herrlicher, als ich erfassen kann. Und – oft übersehen! – der mystische Weg steht nicht nur wenigen auserwählten Menschen zur Verfügung, sondern allen!

Das Christentum ist von der Bibel geprägt; die Heilige Schrift wiederum spricht oft in sehr menschlichen Vorstellungen von Gott. Da und dort blitzt aber die Mystik wie ein Fenster ins Weite auf: ein hierarchiefreier Glaube, der jedem Menschen möglich ist, unabhängig von Stand und Bildung. Eine Sichtweise von Gott, die Machtfantasien hinter sich lässt. Es braucht allerdings Mut, Entschlossenheit und Ausdauer, dem

Ruf der Mystik zu folgen: dem Vertrauen, dass Gott größer ist als alle Wörter und Bilder.

Dieses Buch wirbt für mystische Wege – inmitten eines Glaubens, der von der Tradition und dem Aufbruch der einen Kirche getragen wird, unabhängig von der Konfession. Das Buch der Bücher weist uns solche Pfade zum Geheimnis des Glaubens, das alles übersteigt, was wir verstehen und begreifen können.

In dieser Welt, in der ich es mit Steuererklärungen zu tun habe, mit Auseinandersetzungen, Demonstrationen für eine andere Klimapolitik, mit dem TÜV und Gartenpartys, mit Gesundheitsproblemen, Rechtspopulisten, Mieterhöhungen; mit Cognac, Gewalterfahrungen, Beförderungen und Sinnkrisen ... – inmitten dieser Welt will Gott mir begegnen. „Mystisch" bedeutet nicht „weltfremd", sondern meint einen Zugang zu Gott. Im Hier und Heute. Noch so eifriges Bekennen ersetzt nicht schmerzliches Erkennen. Gott ist der ganz Andere – und gerade das lässt mich glauben.

„Macht Christus zum Herrn eures Lebens. Und wenn man euch nach eurer Hoffnung fragt, dann seid immer bereit, darüber Auskunft zu geben, aber freundlich und mit Achtung für die anderen" (1. Petrus 3,15f). Was meine Hoffnung begründet, das möchte ich hier mit Ihnen, den Leserinnen und Lesern, teilen. Und ich würde mich freuen, wenn meine Gedanken dazu einladen, sich eigene zu machen – und hier und da etwas zu erahnen von dem, was alles Denken übersteigt.

Georg Schwikart

Für die kritische Durchsicht des Manuskripts und hilfreiche Kommentare danke ich Ursula Schairer und Prof. Dr. Axel von Dobbeler.

Kapitel I

*Ich bin gekommen,
die Blinden sehend zu machen,
und denen, die sich für sehend halten,
zeige ich, dass sie blind sind.*

Johannes 9,39

Der Nackte

Ein junger Mann, nur mit einem Leinenhemd bekleidet, schlich hinterher. Als die Männer auch ihn zu fassen versuchten, rissen sie ihm das Hemd vom Leib, doch er entkam ihnen und lief nackt davon.
Markus 14,51f

Was für ein pittoreskes Detail aus der Passionsgeschichte nach Markus, dem ältesten Evangelium! Und gerade weil diese Szene für den Fortgang der Ereignisse völlig unbedeutend ist, scheint sie authentisch zu sein. Matthäus, Lukas und Johannes verzichten auf sie.

Viele Male habe ich darüber hinweg gelesen; auf einmal bleibe ich an dieser Stelle hängen. Ich meine den Burschen, dessen Namen wir nicht erfahren, zu erkennen: Das bin ja ich! Obwohl ich nicht mehr jung bin und andere Klamotten trage. Aber diese beschämende Mischung aus Neugier und Feigheit, die ihn treibt, ist mir nicht fremd, leider. Ein Held war er nicht, wenn er sich auch immerhin weit vorwagte in der Stunde der Not. Als aber die Jünger flüchten, hält auch ihn nichts mehr. Auch ich renne keuchend weg, wenn's ernst wird. Auch ich bin bisher entkommen: Ich bin frei und lebe.

Wie aber stehe ich jetzt da vor meinem Herrn? Unverhüllt, denn was ich gelernt und studiert habe, Titel und Amt, Wissen und Erfahrung, decken nicht meine Nacktheit. „Nackt bin ich aus dem Leib meiner Mutter gekommen, und nackt werde ich sein, wenn ich sterbe" (Hiob 1,21). In der Zeit dazwischen sieht es auch nicht viel besser aus: Vor den Augen der Welt trete ich ordentlich angezogen auf, wie man so sagt; ich habe mehrere Anzüge im Schrank. Aber vor den Augen Gottes stehe ich blank da. Schutzlos. Muss ich erröten? Oder schaut er mich gütig an? Darauf vertraue ich. Das macht mir Mut, ehrlich zu sein.

Gesucht: der Andere

Im Laufe meines Lebens habe ich zahlreiche Bücher über Gott gelesen. Gott habe ich darin nicht gefunden. War das „richtige" Buch bisher noch nicht dabei? Oder kann man Gott nicht finden, indem man Bücher liest?

So ausgedrückt wäre mein Urteil unfair. In vielen Werken sind mir aufrichtige Glaubenszeugnisse begegnet, ob sie nun von Augustinus, Benedikt von Nursia, Teresa von Avila oder Dorothee Sölle stammen. Doch all diese Lektüre weist letztlich immer auf das grundlegende Buch hin, das Buch der Bücher. In der Bibel begegnet uns – so die Überlieferung des Christentums – das Wort Gottes. Da es aber in Wörtern der Menschen daherkommt, ist dieser Anspruch mitunter schwer nachvollziehbar.

Die Bibel gibt oft Antworten auf Fragen, die ich gar nicht stelle. Über weite Strecken beschreibt sie Gott als eine Art Super-Machthaber. Diesen Glauben trage ich seit meiner Kindheit in mir, aber er wird mir immer fremder.

Ich suche den Anderen. Jene geheimnisvolle Präsenz, für die wir dieses mickrige Wort mit vier Buchstaben benutzen: Gott. Ich suche diesen Gott in der Heiligen Schrift und entdecke zahlreiche Hinweise, dass ich mit meiner Sehnsucht nicht alleine bin. Gott ist näher und ferner zugleich, als es die traditionelle Art, religiös zu sein, für möglich hält.

Von Neugier getrieben, habe ich die Bibel noch einmal von vorn bis hinten gelesen. Ich hatte – lyrisch ausgedrückt – Wüsten zu durchschreiten, stieß aber in diesem gelegentlich seltsamen Konglomerat unterschiedlichster Texte tatsächlich auf

Spuren des „anderen" Gottes. Meine Erfahrung: Wer Gott sucht, wird Gott finden. Er spricht, wenn auch nicht immer leicht verständlich, in seinem Wort zu uns. So kann ich der Einschätzung aus dem Hebräerbrief zustimmen:

Das Wort Gottes ist lebendig und wirksam. Es ist schärfer als das schärfste Schwert und durchdringt unsere innersten Gedanken und Wünsche. Es deckt auf, wer wir wirklich sind, und macht unser Herz vor Gott offenbar.

Hebräer 4,12

Ich bin kein Bibelwissenschaftler, lese die leicht verständliche Übersetzung „Neues Leben. Die Bibel". Unbefangene Lektüre gönne ich mich – als Suchender, als sei alles für mich aufgeschrieben worden. Die exegetischen Methoden der Lektüre lasse ich weitgehend beiseite, wenn ich beispielsweise schreibe, dies und das sage König David, der Prophet Jesaja oder der Apostel Paulus, obwohl ich als Theologe weiß, dass es wahrscheinlich von Schülern der Genannten stammt. Kurzum, ich stelle mich dem Wort, das mich trifft.

Die Bibel erzählt von Gott und den Menschen. Ich komme auch darin vor. Und erahne da und dort, wen ich suche: den Anderen.

Hauptsache: nicht lau!

Herr Pfarrer, ich beneide Sie um Ihren Glauben!" – Dieses Lob einer Gottesdienstteilnehmerin, die ich an der Kirchentür verabschiedet habe, lässt mich ratlos zurück. Was meinte sie damit? War es als Kompliment für die Predigt gedacht? Oder meinte sie: So, wie der Pfarrer hier in der Gemeinde auftritt, muss er einen unerschütterlichen Glauben haben, ja: einen beneidenswerten!? – Wie seltsam! Welches Bild gebe ich denn eigentlich ab?

Die Wahrheit ist natürlich ganz anders. Mein Glaube schwankt oft, schwächelt und verkümmert bisweilen. Er fühlt sich dann und wann verkehrt an. Gut, mitunter protzt er großspurig vor Gott, verspricht, zu allem bereit zu sein, gelobt Hingabe und Aufopferung – aber dieses Wortgeklingel fällt immer wieder schnell in sich zusammen.

Nein, mein Glaube ist eine große Improvisation. Ein Versuch. Ein Projekt, das sich – beginnend in der Kindheit – auch heute noch tagtäglich entwickelt. Kaum etwas hat sich in meinem Leben so oft verändert wie mein Glaube. Alte Gewissheiten verflüchtigen sich. Neue Erkenntnisse leuchten mir auf. Manche Nebel, die mir über lange Zeit hinweg das Vertrauen zu Gott erschwert haben, lichten sich ganz behutsam. Dafür passen mit der Zeit bestimmte Ausdrucksformen des Glaubens nicht mehr, wie Kleider, die verschlissen oder zu eng geworden sind. Zum Beispiel meine graue Hose, die ich vor Jahren in der Türkei gekauft habe, nahe einer Ausgrabungsstätte, die behauptet, das historische Laodizea zu sein. Dieser antike Ort wird in der Offenbarung des Johannes erwähnt – mit einer Mahnung:

Schreibe diesen Brief dem Engel der Gemeinde in Laodizea: ... Ich weiß alles, was du tust und dass du weder heiß noch kalt bist. Ich wünschte, du wärest entweder das eine oder das andere! Aber da du wie lauwarmes Wasser bist, werde ich dich aus meinem Mund ausspucken!

Offenbarung 3,14-16

Dieses Gotteswort habe ich immer sehr ernst genommen: Gott war mir nie gleichgültig! Intensiv setzte ich mich mit dem Glauben auseinander, aber ebenso leidenschaftlich zweifelte ich. Und wenn ich überzeugt war, es gebe gar keinen Gott, das sei alles Einbildung unter einem leeren und kalten Himmel – dann suchte ich diese Sicherheit durch Lektüre und Erfahrungen zu untermauern. Was dann wiederum keinen Bestand hatte, weil mich die Präsenz Gottes in meinem Leben überwältigt.

Dieses Ringen mit Gott ist nicht des Neides wert. Ich lasse andere an meiner Beziehung zu Gott teilhaben, aber nicht, weil mein Weg der richtige, bessere oder gar einzige wäre. Nein, ich will andere ermutigen: Gehe du deinen Weg, lebe deinen Glauben, finde deinen Zugang zu Gott. Dann wollen wir uns miteinander austauschen und gegenseitig teilhaben lassen an dem, was wir mit Gott erleben. Ich zum Beispiel dies:

„Wer bist du?", frage ich. Seine Antwort klingt wie eine Aufforderung: „Frag nicht so viel, du verstehst es doch nicht." Fast überheblich, fast grob: „Es geht dich nichts an." Und es sagt doch tröstlich alles aus, was für uns wichtig ist: „Das soll genügen: ICH BIN!"

Weniger müssen müssen

„Weniger müssen müssen" lautet der Werbespruch für ein Prostata-Medikament. Doch als ich diesen Satz las, merkte ich sofort, er passt auch prima für meinen Glauben. Wie gern möchte ich „mehr" glauben, also: tiefer, intensiver, existenzieller mit Gott verbunden sein. Und ich frage ihn aufrichtig: „Was muss ich tun, um dir näher sein zu können?" Selbstverständlich schweben mir selbst bereits Lösungen vor: mehr beten, mehr schweigen, mehr fasten, mehr Bibellesen, mehr Meditation, mehr Spaziergänge im Wald … – Außer von all dem mehr zu tun, was traditionell den Glauben nährt, fällt mir nichts Rechtes ein. Dabei weiß ich (nicht mit dem Kopf, sondern mit dem Bauch), dass die alte Weisheit „Viel hilft viel" hier hohl ist. Doch der Wunsch in mir nach einem wachsenden Glauben ist da und real. Den Druck auf Erfüllung nimmt mir ein Wort, das bei Paulus auf mich zukam:

Meine Gnade ist alles, was du brauchst. Meine Kraft zeigt sich in deiner Schwäche.
2. Korinther 12,9

Für den Apostel war das die Reaktion des Herrn auf ein Problem, das ihn quälte. Für mich ist es eine Riesen-Entlastung: Es kommt gar nicht auf meine Bemühungen an, sondern auf Gottes Gnade. Gnade ist ein religiös aufgeladener Begriff für ein Geschenk Gottes. Gnade kann ich nicht erwarten, erzwingen, eintauschen, abkaufen. Sie wird mir zuteil.

Meine Aufgabe ist es, mich der Gnade zu öffnen, das Geschenk anzunehmen. Warum schaffe ich das nur so miserabel?

Was hält mich davon ab, es radikaler zu tun? Wie kommt es, dass ich mich so oft selbst bremse oder ablenke? Nicht aus Koketterie, sondern mit der Aufrichtigkeit, zu der ich mich durchringen kann, muss ich doch gestehen: Wankelmütig ist mein Glaube, widersprüchlich, kaum belastbar, kurz: schwach! Das Wort, das Paulus tröstete, hat Martin Luther so übersetzt: „Lass dir an meiner Gnade genügen; denn meine Kraft vollendet sich in der Schwachheit."

Wie paradox das klingt: In meiner Schwachheit zeigt sich Gottes Kraft! Selbst ich darf unvollkommen glauben. Mein Glaubensmotto könnte lauten: „Weniger wollen wollen". Im kleinen Vertrauen, das mir gelingt, ist doch der große Gott ganz anwesend.

Ich muss nichts müssen, um ihm näher zu kommen.

Er ist schon da.

Im Anfang

Bereschit bara Elohim" – „Im Anfang schuf Gott Himmel und Erde" (Genesis 1,1). So schlicht und doch gewaltig beginnt die Bibel. Doch heute gibt es ganz andere Antworten auf die Frage, was im Anfang war. Das Nichts? Der Wasserstoff? Die Tat, wie Goethe behauptet? – Der Evangelist Johannes drückt es poetisch aus: „Im Anfang war das Wort" (Johannes 1,1). Doch diese Aussage zu verstehen, ist ohne theologisches Hintergrundwissen kaum möglich. Viel näher liegt mir die Frage: Was war in meinem ganz persönlichen Anfang? Liebe. Nähe. Zugewandte Präsenz. Aus der Leidenschaft meiner Eltern gezeugt, gereift in meiner Mutter Leib, wurde ich in eine Welt hineingeboren, die nur auf mich gewartet hat. – Was natürlich völliger Unsinn ist: Ich bin das siebte Kind, wahrscheinlich war meine Familie über erneuten Nachwuchs nicht sonderlich erfreut. Unser Planet erwies sich 1964 übrigens auch nicht als besonders einladend für neue Erdenbürger. Aber war er das überhaupt einmal?

Und doch wuchs ich auf in der Gewissheit, willkommen zu sein. Davon zehre ich bis heute. Daraus entwickelte sich mein Glaube an Gott, der da ist und nah ist. Lange vor der intellektuellen Auseinandersetzung mit dem, was wir abgehoben „Sein" nennen, mit der Frage nach dem Ursprung von allem, der Problematisierung von „Sinn", stand eine Erfahrung: Wie die Luft zum Atmen, so waren Menschen und Gott einfach gegenwärtig und nahmen mich auf ins Leben. Ich hatte damals einen mystischen Zugang zu Gott.

Mit zunehmenden Jahren wurde alles komplizierter. Der

Glaube bekam Inhalte, die zu glauben waren – was die Lebenserfahrung naturgemäß übersteigt. Die Komponente „Kirche" rückte in den Vordergrund; sie wollte mitbestimmen, was als Wahrheit zu glauben oder abzulehnen sei. Ich lernte die Varianten kennen: verschiedene Konfessionen und Religionen. Die Wissenschaften schließlich nährten den Zweifel: Kann man überhaupt als Mensch, der Gebrauch von seiner Vernunft macht, an Gott glauben? Die Argumente gegen Gott scheinen erdrückend.

Ins Wort gebracht fand ich meinen frühen und bestimmenden Zugang zu Gott in einer Episode aus der Apostelgeschichte. Später lernte ich im Studium der Bibelexegese, es sei keinesfalls gesichert, dass Paulus tatsächlich einmal in Athen auf dem Areopag gesprochen habe. Darauf kommt es aber auch gar nicht an. Dem Paulus werden wunderbare Sätze in den Mund gelegt, mit denen er bei den kritischen Griechen Interesse für seinen Gott wecken möchte:

„Er ist keinem von uns fern. In ihm leben, handeln und sind wir."
Apostelgeschichte 17,27f

Paulus knüpft damit an den griechischen Philosophen Xenophanes an, dem schon fünfhundert Jahre zuvor klar gewesen war, dass Gott unveränderlich und unbewegt ist, ohne Anfang und ohne Ende. Xenophanes hatte gesagt: „Überall sieht er, überall denkt er, überall hört er." Die gebildeten Philosophen unter den Athenern haben bestimmt die Parallelen zwischen ihrem Philosophen und dem jüdischen Prediger Paulus herausgehört, konnten aber nicht überzeugt werden.

Mein Empfinden ist jedoch im Paulus-Zitat treffend ausgedrückt. Gott ist da, Gott ist nah, er ist keinem fern – das sind meine religiösen Grundlagen.

Der ferne Gott, so nah

Bin ich etwa nur ein Gott, der in der Nähe ist?", spricht der Herr. "Bin ich nicht auch ein Gott in der Ferne? Gibt es Schlupfwinkel, in denen sich ein Mensch verbergen könnte, sodass es mir nicht mehr möglich wäre, ihn zu sehen? Bin ich denn nicht überall, fülle ich nicht den Himmel und die Erde aus?"
Jeremia 23,23f

Dass Gott sich der Rhetorik als Stilmittel bedient, überrascht mich. Zu erkennbar will er ja wohl mit seinen Fragen zum Ausdruck bringen: „Vor mir kann sich niemand verstecken!" Das leuchtet mir ein. Doch sehe ich das Problem eher genau umgekehrt: Gott versteckt sich vor mir!

Ich suche den verborgenen Gott und finde alles Mögliche. Aber ist das Gott? Oder sind meine Sinne zu roh und abgestumpft, um zu erkennen, was offensichtlich ist: Dass Gott längst da ist, bevor ich mich auf dem Weg zu ihm mache? Schon der Prophet Hesekiel (auch Ezechiel geschrieben) klagt:

„Die Menschen haben Augen, um zu sehen, aber sie sehen nichts, und sie haben Ohren, um zu hören, aber sie hören nichts, denn sie sind widerspenstig" (Hesekiel 12,2).

Als ich einen Freund und Kollegen in der Schweiz besuchte, in der Nähe von St. Gallen, spazierten wir vom Pfarrhaus aus auf einen Hügel. Dort wies er mit der Hand über das Tal: „Da liegt der Säntis, und hier die Stadt, in dieser Richtung der Bodensee." – Beeindruckend! Der Witz war nur: An diesem Novembertag hing der Nebel sehr tief, ich sah nichts von dem, was er mir da zeigte! Dennoch glaubte ich ihm.

„Du glaubst, weil du mich gesehen hast. Glücklich sind die, die mich nicht sehen und dennoch glauben", sagt Jesus zu Thomas (Johannes 20,29). Wie finde ich zu diesem Glück? Ich brauche keine Privatoffenbarungen, keine übernatürlichen Wunder. Mein Glaube basiert auf Erziehung, Nachdenken, Erfahrung und dem, was ich nicht benennen kann. So habe ich mir ein Konstrukt zurechtgezimmert aus religiösen Erkenntnissen und Methoden der Spiritualität. Ich bin zufrieden, es hält ganz gut ..., doch eine leichte Erschütterung genügt, um meinen Do-it-yourself-Glauben zum Einsturz zu bringen.

„Bin ich etwa nur ein Gott, der in der Nähe ist?", spricht Gott durch seinen Propheten Jeremia. Nach der Nähe zu Gott verlangt mich. Was hindert mich daran, sie zuzulassen? Dabei kenne ich das Aha-Erlebnis, das Jakob nach dem Erwachen aus seiner traumreichen Nacht in Bethel so in Worte fasst: „An diesem Ort ist der Herr, und ich habe es nicht gewusst" (1. Mose 28,16)[1].

---

1 Für die ersten fünf biblischen Bücher (hier nach traditioneller Diktion 1. Mose etc. genannt) sind auch die Bezeichnungen gebräuchlich: Genesis, Exodus, Levitikus, Numeri und Deuteronomium.

Unhörbar, unüberhörbar

Hiobs Freund Elihu ist nicht gerade geschickt im Trösten, und sein neunmalkluges Verhalten richtet den Leidenden nicht auf. Und doch kann man Elihu natürlich nicht widersprechen, wenn er feststellt: „Aber Gott redet doch auf die eine und andere Weise, wir merken es nur nicht" (Hiob 33,14).

Ja, Gott redet zu mir auf vielfältige Weise, doch oft merke ich es nicht. Dann wieder erfasse ich es mit allen Antennen meines Körpers und meiner Seele: Da ist Gott! Es müssen nicht Visionen sein oder Engel, die mir Botschaften überbringen. Gott spricht durch Träume, durch eine Erkenntnis, die mich beim Lesen eines Gedichtes ergreift, durch einen Sonnenstrahl, der mich von innen erhellt.

Ich habe Gott getroffen beim Spaziergang am Strand. Als ich einen todkranken Menschen besuchte. Beim Essen mit guten Freunden. In leidenschaftlicher Zärtlichkeit. In der Stille einer Kirche vor dem Tabernakel. Als eine Bekannte mitten in einer Krise anrief und mir Trost zusprach. Als ich merkte, wie mein Dasein oder mein Wort jemanden aufrichten konnte. Gott zeigt sich mir in der Natur und der Kultur.

Und wenn mir eine Frau, die während des Gottesdienstes einen Anfall bekam, den wir hilflos Zusehenden als einen epileptischen deuteten, nachher berichtet, sie habe Gott in diesem Moment erfahren – soll ich das beurteilen?

Der Psalm drückt es mit großen Worten aus; im Kleinen kann ich es tatsächlich spüren:

Der Himmel verkündet die Herrlichkeit Gottes und das Firmament bezeugt seine wunderbaren Werke. Ein Tag erzählt es dem anderen, und eine Nacht teilt es der anderen mit. Ohne Sprache und ohne Worte, lautlos ist ihre Stimme, doch ihre Botschaft breitet sich aus über die ganze Erde und ihre Worte über die ganze Welt.

Psalm 19,2-5

Gott zu spüren, ihm unmittelbar zu begegnen – das ist ein Anliegen der Mystik. Es gibt in meinem stinknormalen Dasein auf der Erde Fenster zu Gott: Da sehe ich ihn, da höre ich ihn, da kommt sogar – beim offenen Fenster – ein Wind herein, der mich bewegt. Diese Fenster sind selten breit wie Schaufenster; manchmal nur bescheiden wie ein Bullauge oder ähnlich einem Badezimmerfenster mit Milchglas, durch das nur Hell und Dunkel zu sehen sind.

„Als ich dich sah, war mir, als ob ich Gott selbst sehen würde!" (1. Mose 33,10). Was Jakob zu Esau sagt, spricht mir aus der Seele.

Gott ist durchgehend da und nah, aber mir mangelt es an Sensibilität, ihn immerfort wahrzunehmen. Die ganze Welt könnte für mich ein Tempel sein, und ich bete:

In deiner Gegenwart leben, Gott, das wäre auf Erden der Himmel. Essen, schlafen, arbeiten – und du bist einfach da. Sündigen, streiten und Sex haben, das Sein als Gebet, im Gewimmel und Getöse, trotz Gewalt und Gottesdienst. Es braucht keine Worte mehr, ein Du genügt, und selbst das muss nicht sein, aber es darf.

Wäre da nicht das Wort: „wäre".

Ich hinke, aber ich lebe

Der therapeutische Mitarbeiter einer Reha-Klinik in Süddeutschland für schwerkranke Kinder und ihre Familien hat sich intensiv auf die neue Gruppe vorbereitet: verwaiste Eltern, denen ein Kind gestorben ist. Welch bitteres Schicksal! Er hat Kurse zum Thema besucht und eine Menge Bücher gelesen. Nun erwartet er das erste Paar und heißt es – landesüblich – willkommen mit „Grüß Gott!" Der Vater darauf kalt: „Mit dem bin ich durch!"

Den Mann kann ich so gut verstehen. Diese abgrundtiefe Enttäuschung: Gebetet und gehofft und gefleht, vielleicht sogar Gelübde abgelegt, um Gott zu erweichen, er möge das Kind durchkommen lassen. Aber dann ist das Kind doch gestorben. Wollte Gott nicht eingreifen? Konnte er es nicht? Straft er die Familie? Prüft er sie? Wie auch immer, mit diesem Gott will man nichts mehr zu tun haben; mit dem ist man durch.

Wer auf diese Weise ent-täuscht wurde, also der Täuschung erlag, es mit einem berechenbaren, „lieben Gott" zu tun zu haben, der ist noch lange nicht fertig mit ihm. Der leidende Vater ist mir nah. Ich teile seine Erfahrung, dass Gott ihm total unverständlich erscheint. Aber ist er deswegen tatsächlich mit ihm „durch"? Bei mir zumindest geht der Kampf immer weiter. Was die Bibel erzählt, das kenne ich aus eigener Erfahrung: Jakob ringt des Nachts mit einem Mann, bis zum Morgengrauen.

Als der Mann merkte, dass er Jakob nicht besiegen konnte, gab er ihm einen Schlag auf sein Hüftgelenk, sodass es ausrenkte. Dann sagte er: „Lass mich los, denn der Morgen dämmert schon." Doch Jakob erwiderte: „Ich lasse dich nicht los, bevor du mich gesegnet hast!" „Wie heißt du?", fragte der Mann. Er antwortete: „Jakob." „Du sollst nicht länger Jakob heißen", sagte der Mann. „Von jetzt an heißt du Israel. Denn du hast sowohl mit Gott als auch mit Menschen gekämpft und gesiegt." „Nenn mir deinen Namen!", forderte Jakob ihn auf. „Warum erkundigst du dich nach meinem Namen?", fragte der Mann. Dann segnete er Jakob. Jakob nannte die Stätte Pnuël – „Angesicht Gottes" –, denn er sagte: „Ich habe Gott von Angesicht zu Angesicht gesehen und trotzdem bin ich noch am Leben!" Die Sonne ging gerade auf, als er Pnuël verließ. Wegen seiner Hüfte hinkte er.

1. Mose 32,26-32

Diese rätselhafte Geschichte erzählt von der Auseinandersetzung mit meinen Gottesbildern. Der menschlich dargestellte Gott schlägt mich, tut mir weh, und ich hinke sogar. Doch er setzt sich intensiv mit mir auseinander. Ich werde nicht besiegt. Inmitten meines Leidens begegne ich Gott. Ich gehe nicht als Unterlegener aus dem Kampf hervor, sondern als Gesegneter!

Mit Gott habe ich viel gestritten. Ihm Vorwürfe gemacht, ihn beleidigt, ihn angeklagt und mit Missachtung bestraft. Wie armselig das ist ... Aber ich bleibe dran. Kann nie sagen: „Jetzt hab ich's kapiert, wie Gott tickt!" Das Unverständnis bleibt, immer wieder Fremdheit. Doch diese Erfahrungen vereinigen Gott und mich mehr als die Haltung der Dame beim Kaffeeklatsch, die mir ganz nebenbei Gott erklärt: „Wenn mir etwas gut gelingt, dann belohnt mich Gott. Geht etwas schief, dann straft er mich." Aha, so einfach ist das also. Paulus rät:

„Deshalb hütet euch, voreilige Urteile über den Glauben anderer zu fällen, bevor der Herr wiederkommt" (1. Korinther 4,5). Er hat ja recht. Aber ich darf doch wohl auch sagen: Den Glauben dieser Frau teile ich nicht! Ich möchte Gott nicht festlegen und definieren als eine Art Polizisten, der alles, was wir tun und lassen, belohnt oder sanktioniert.

Mag sein, dass der erste Schritt zum authentischen Glauben über die Verneinung führt. Als ich mit meinem besten Freund vor Jahren ein Kloster in der Wachau besuchte, lasen wir nebeneinander stehend still in einem Andachtsbuch, in das Besucher der Kirche ihre Gebete aufschreiben konnten. „Lieber Gott, hilf meinem Sohn", stand da beispielsweise, oder: „Danke, dass du meine Frau gesund gemacht hast"; lauter Anliegen in diesem Sinne. Ich sah meinen Freund an und fragte ihn: „Glaubst du eigentlich an Gott?" Er besann sich kurz und neigte den Kopf in Richtung Andachtsbuch: „Nicht an den da."

Für andere ist es anders.

Was mich angeht, wage ich es, fernab gelehrter Theologie und frommer Predigten mich meines eigenen Glaubens zu bedienen. Nur so, meine ich, hat Gott noch eine Chance.

Heilig, heilig, heilig

Als Jugendlicher schnappte ich zum ersten Mal den Begriff „Mystik" auf – seither fasziniert mich diese Art, religiös zu sein. Ich las Werke von Meister Eckhart und Hildegard von Bingen. Die Weitsicht des Teilhard de Chardin lernte ich als mystisch zu verstehen. Auch die Reformation hat Mystiker hervorgebracht, Sebastian Franck und Jakob Böhme etwa. Bis in die Neuzeit gibt es mystische Persönlichkeiten: von Edith Stein über Etty Hillesum und Thomas Merton bis zu Richard Rohr.

Mystiker leben in der gleichen Welt wie ich. Aber sie leben anders und glauben anders. Dieses „anders" reizt mich. Die Wurzeln des Begriffs Mystik gehen zurück auf die Wörter für „schließen" (nämlich Augen und Ohren) und „beginnen/einweihen"; die wiederum führen zum Begriff für „Geheimnis": „Mysterium". Diesem nähern sich mystische Wege durch Schauen und Lauschen, durch Hören und Stillsein. Nicht Augen und Ohren sind aktiv, sondern die inneren Ebenen der Seele. Das kann zur Versenkung führen – oder zum Tanzen, wie bei den Derwischen. Und Zen-Mönchen gelingt es, beim Trinken einer Tasse Tee vollkommen präsent zu sein.

Von der Mystik habe ich nicht viel verstanden – das rationale Begreifen ist eben sehr begrenzt. Doch ich ahne mit jedem kleinen Schritt, den ich auf dem mystischen Weg wage, in welche Richtung es geht: Ein mystischer Glaube pocht nicht auf die dogmatisch reine Lehre. Er öffnet sich einer Gottesvorstellung ohne enge Bilder. Er begreift Gott als „alles in allem". Einige verzichten auf die Personalität Gottes (als „Du"), andere sogar auf das Wort „Gott". So weit bin ich nicht, und das strebe ich auch gar nicht an. Beten aber, ohne Worte, weil ich in Gott bin – das begehre ich. Dieser Glaube verlangt, die menschliche Kontrolle abzugeben. Das geht nur mit absolutem Vertrauen, das eingeübt werden muss. Und selbstverständlich kann dann keine menschliche Hierarchie mehr über den Glauben bestimmen.

Eine abschließende Definition, was Mystik ist, kann es nicht geben. Immer mal wieder vernehme ich, Mystik bedeute, alles geschehen zu lassen, alles anzunehmen, ganz gleich, was geschieht. Da möchte ich differenzieren. Es gibt Dinge, für die das zutrifft. Doch Unrecht und Gewalt gegen solche, die sich nicht retten können – da will ich mit meinen Mitteln eingreifen und helfen.

Das Komplizierte an der Mystik scheint mir, dass das Wort allein schon wieder festlegt und abschrecken kann. Mystik ist ja auch nicht besser als andere Arten, den Glauben zu leben. Wenn mystische Personen bisweilen eine Art Hochmut, ja Arroganz gegenüber „primitiven" Formen der Religion erkennen lassen (zum Beispiel in Bezug auf traditionelle Frömmigkeitsformen), dann ist das bedauerlich – doch möglicherweise auch eine Reaktion auf die verbreitete Skepsis gegenüber der Mystik. Die Institution Kirche betrachtet diese ja eher zurückhaltend, lässt die sich doch von ihr nicht kontrollieren.

Die Bibel selbst ist voller mystischer Anspielungen. Als Jesaja zum Propheten berufen wird, kann er nicht anders, als seine geheimnisvolle Erfahrung mit menschlichen Worten zu beschreiben. Seine Bilder von Gott (beispielsweise vom Thron und den Engeln) beeinflussen seine Wahrnehmung. Was auch immer er erlebt haben mag, es überwältigt seine Vorstellungskraft. So beschreibt er uns ein eigenartiges Schauspiel – das eben ganz anders ist als alles, was er kennt:

Er saß auf einem hohen Thron und war erhöht und der Saum seines Gewandes füllte den Tempel. Über ihm schwebten Seraphim mit sechs Flügeln. Jeder hatte sechs Flügel! Mit zwei Flügeln bedeckten sie ihre Gesichter, mit zweien ihre Füße und mit dem dritten Paar flogen sie. Sie riefen einander zu: „Heilig, heilig, heilig ist der Herr, der Allmächtige! Die Erde ist von seiner Herrlichkeit erfüllt!" Dieses Rufen ließ die Fundamente der Vorhalle erzittern und der Tempel wurde mit Rauch erfüllt. Da sagte ich: „Mir wird es furchtbar ergehen, denn ich bin ein Mann mit unreinen Lippen, inmitten eines Volkes mit unreinen Lippen. Ich werde umkommen, denn ich habe den König, den Herrn, den Allmächtigen, gesehen!" Doch einer der Seraphe flog zu mir. Er hielt einen glühenden Stein in seiner Hand, den er mit einer Zange vom Altar genommen hatte. Damit berührte er meinen Mund und sagte: „Sieh, dies hat deine Lippen berührt. Jetzt ist deine Schuld getilgt; deine Sünden sind dir vergeben." Dann hörte ich den Herrn fragen: „Wen soll ich senden? Wer wird für uns gehen?" Und ich sagte: „Hier bin ich, sende mich."

Jesaja 6,1-8

Dem evangelischen Christen Gerhard Tersteegen ist es gelungen, mit seinem Lied „Gott ist gegenwärtig" mystische Gedanken in einfacher Sprache allen zugänglich zu machen – und wie gern singe ich seine Verse: „Gott ist gegenwärtig. Lasset uns anbeten und in Ehrfurcht vor ihn treten. Gott ist in der Mitte. Alles in uns schweige und sich innigst vor ihm beuge. Wer ihn kennt, wer ihn nennt, schlag die Augen nieder; kommt, ergebt euch wieder. – Gott ist gegenwärtig, dem die

Kerubinen Tag und Nacht gebücket dienen. ‚Heilig, heilig, heilig' singen ihm zur Ehre aller Engel hohe Chöre. Herr, vernimm unsre Stimm, da auch wir Geringen unsre Opfer bringen."

Der starke Drang in mir zur Mystik wird ausgebremst durch mein Unvermögen, geduldig und stetig ihren mühsamen Weg voranzuschreiten. Ich will es dennoch tun, in dem Tempo, das ich schaffe. Möge Gott mich öffnen für ihn.

Ich will mich hüten, das Geheimnis Gottes zu tief ergründen zu wollen. Unter dem Elektronenmikroskop verliert das schönste Gesicht seinen Reiz. Nicht das Wesen Gottes suche ich, sondern seine Nähe.

Eigentliche Abhängigkeit

„Sind Sie mit Ihrem Glauben zufrieden?" – Was für eine seltsame Frage. Aber sie kam mir in den Sinn, als ich eine Serviceleistung beurteilen sollte: Sehr zufrieden, geht so, gar nicht ... Eigentlich bin ich mit meinem Glauben zufrieden. Das Problem wird deutlich im „eigentlich".

Sollte ich eine Mahlzeit im Restaurant bewerten, so gliche ich wohl Wunsch und Wirklichkeit miteinander ab und würde Kriterien wie Geschmack, Aussehen, Menge, Temperatur und Wartezeit zwischen Bestellung und Servieren heranziehen. Doch wonach bewerte ich meinen Glauben? – Er soll mir Geborgenheit schenken, Gelassenheit vermitteln, in der Krise Halt geben, die Welt bewältigbar machen, kurz: gut tun ... – vielleicht in diesem Sinne? Ach ja, und einfach soll der Glaube sein, nicht kompliziert. Und alles möglichst zum Nulltarif!?

Träum weiter! Ich weiß doch, wie naiv diese Erwartungen sind. Glaube ist eine höchst diffizile Angelegenheit, abhängig von der Familiensituation, in die ich hineingeboren wurde, von politischen, ökonomischen, geografischen, klimatischen Bedingungen und sicher noch manch anderen Faktoren, die ich gar nicht auf dem Schirm habe. Ich glaube heute anders als in meiner Kindheit, als in der Jugend und im jungen Erwachsenenleben. All meine Lebens- und Glaubenserfahrungen fließen mit ein. Was hat sich verändert über all die Jahre? Was ist das Kontinuum? Worauf kommt es überhaupt an?

Als der Mann einer Freundin schwer erkrankte, schrieb sie mir: „Mir war nicht bewusst, dass ich gar nicht so ungläubig bin." Eine zarte Formulierung für die Erfahrung: Da ist noch was! Ein Kontakt zu dem, den wir Gott nennen. In der Krise wird etwas aktiviert. Die Freundin hat intuitiv gespürt, was der Prophet Jeremia betet:

Ich weiß, Herr, dass das Leben eines Menschen nicht in seinen eigenen Händen liegt.
Jeremia 10,23

Das trifft die Grunderfahrung meines Glaubens: ein Gefühl der Abhängigkeit von Gott. Keine Abhängigkeit, die mich unfrei macht. Ich bin ja auch von Luft und Licht abhängig. Eher das tiefe Wissen um eine existenzielle Verbundenheit. Ich lebe aus den Augenblicken, da ich Gott als pure Präsenz erlebe. In diesen Momenten gibt es weder Fragen noch Zweifel, ohnehin keine Worte, nur glückliches Sein. Aber diese Zustände halten nicht lange an. In den mitunter langen Zwischenzeiten speise ich den Glauben aus dem Fundus an Erfahrung, den ich angesammelt habe.

Die Welt ist freilich unsicher, da wächst die Versuchung, einen festgefügten Glauben zu ersehen: klare Konturen! Mehr Antworten als Fragen! – Welch ein Unsinn. Es gibt nicht den einen wahren und richtigen Glauben, unverrückbar und Erfolg versprechend. Mein Glaube ist ein Provisorium. (Die halten ja bekanntlich lange!) Es bietet Obdach, aber bei Sturm wackelt's heftig. Man könnte wohlwollend sagen: Da ist was in Bewegung. Deswegen bin ich auch „eigentlich" mit meinem Glauben zufrieden. Das Wort „eigentlich" kommt von eigen. Mein Glaube ist mir eigen – mit all seinen Eigentümlichkeiten. Doch dieser Glaube ist kompatibel mit jenen Einsichten, von denen die Heilige Schrift erzählt. So kann ich dem – zugegeben: drastisch formulierten – Aufruf zur Buße des Propheten Hosea etwas abgewinnen:

„Kommt, wir wollen wieder zum Herrn zurückkehren! Er hat uns in Stücke gerissen, aber er wird uns auch wieder heilen. Er hat uns mit seinen Schlägen verwundet, aber er wird unsere Wunden verbinden. Nur noch zwei Tage, dann wird er uns wieder Kraft zum Leben geben, am dritten Tag wird er uns wieder aufrichten, damit wir in seiner Gegenwart leben können" (Hosea 6,1f).

Wahre Worte

Frisur, Kleidung, Habitus und rauer Tonfall lassen den Mann auf meinem Sofa wie einen Alt-Rocker wirken. Er legt mir dar, dass er die Kirche nicht zum Glauben braucht, und schiebt wie zum Beweis den linken Hemdsärmel hoch. Da lese ich fein säuberlich eintätowiert den ersten Vers von Psalm 23: „Der Herr ist mein Hirte." Dann zeigt er den rechten Unterarm, dort steht die Goldene Regel: „Was du nicht willst, dass man dir tu, das füg auch keinem andern zu."

Ich bin beeindruckt und erspare uns beiden eine Diskussion über den Sinn der Kirchenmitgliedschaft. Dieser Mann trägt neben der (in vielen Kulturen verbreiteten) ethischen Maxime ein Glaubensbekenntnis am Leib. „Der Herr ist mein Hirte" – das drückt Vertrauen aus und zugleich die Bereitschaft, einen zu akzeptieren, der größer ist als man selbst.

Besonders den Psalmen gelingt es durch ihre mal klare, mal poetische Sprache auch noch nach mehr als zweitausend Jahren, als authentische Gebete wahrgenommen zu werden. So können Menschen bis heute mit diesen Worten Dank und Bitte, Hingabe und Klage, Zweifel und Lobpreis zum Ausdruck bringen. Jeden Tag bete ich ein paar Psalmen. Dabei kann ich nicht jede Zeile innig nachsprechen, aber ich gerate mit dem Singen, Sprechen oder notfalls nur Lesen der Texte in einen „flow", ein Fließen und Strömen, das mich zu Gott tragen kann. Die alten Worte werden zu meinen. Aber auf einmal stoße ich in einem schönen Psalm auf einen harschen Fluch, etwa in Psalm 137,9: Da sollen Babylons Kinder an einem Felsen zerschmettert werden ... Mit solchen Sätzen tue ich mich sehr schwer.

In meiner Gemeinde habe ich ein Psalmen-Projekt angeboten. An drei Abenden war die Gemeinde eingeladen, jeweils eine Auswahl zu hören: 25 Vortragende, alt und jung, lasen Psalmen aus verschiedenen Bibelübersetzungen vor. Vollständig! Anstößige oder schwierige Passagen wurden nicht ausgelassen. Zwischendurch Musik, doch keine Auslegung. Es kamen an diesem Abend mehr Vortragende als Zuhörende, alle Anwesenden aber waren fasziniert von der Kraft der Sprache, die nichts eingebüßt hat über die Zeit. Dann und wann aber diese Irritationen – seltsame Aussagen für Christinnen und Christen der Gegenwart.

Dabei sind die Psalmen noch harmlos. Manches in der Heiligen Schrift empfinde ich als bizarr oder gar abstoßend. Wenn ich zum Beispiel die Anweisungen zum Opferkult im 3. Buch Mose studiere, wirken diese Regeln auf mich schamanistisch: „Wenn jemand eine Ziege opfern will, soll er sie vor den Herrn bringen. Er soll ihr die Hand auf den Kopf legen und sie am Eingang des Zeltes Gottes schlachten. Dann sollen die Nachkommen Aarons das Blut ringsum an die Seiten des Altars sprengen. Einen Teil seiner Opfergabe soll der Israelit für den Herrn auf dem Altar verbrennen: nämlich das Fett, das die Innereien bedeckt und an ihnen hängt, die beiden Nieren mit dem Fett, das an ihnen und an den Lenden sitzt, und den Leberlappen, er soll bei den Nieren abgetrennt werden. Der Dienst tuende Priester soll alles auf dem Altar verbrennen; ein solches Opfer gefällt dem Herrn. Alles Fett gehört dem Herrn. Ihr dürft kein Blut oder Fett essen. Diese Anordnung gilt für euch und eure Nachkommen für alle Zeiten, wo ihr auch wohnt" (3. Mose 3,12-17).

Mit den Mitteln der Bibelwissenschaft kann ich vieles verstehen, aber für meinen persönlichen Glauben ist das nicht von Belang, eher hinderlich. Die Koordinaten einiger Mythen –

für mich übrigens ein positiv besetztes Wort, es geht um die Veranschaulichung von Glaubensinhalten – lassen mich ratlos zurück: Wieso durften Adam und Eva nicht vom Baum der Erkenntnis kosten? Warum achtet Gott das Opfer Abels mehr als das von Kain? Weshalb will Gott bei der Sintflut alle Lebewesen umbringen, sogar die Tiere? Da suche ich keine klugen exegetischen Antworten, da sehe ich ganz einfach: Es sind Menschen, die die Bibel geschrieben haben. Ihre Erfahrungen, ihre Fragen und Antwortversuche, ihre Machtansprüche und ihr zeitbedingtes Unverständnis fließen in die biblischen Bücher ein.

Trotzdem spricht Gott durch die Bibel zu mir. Zwischen all den fernen Geschichten und Gedanken blitzt Wahrheit auf. „Was ist Wahrheit?" (Johannes 18,38), provoziert Pilatus den Herrn. Doch Jesus hat längst vorher schon gesagt:

Wenn ihr euch nach meinen Worten richtet, seid ihr wirklich meine Jünger. Ihr werdet die Wahrheit erkennen, und die Wahrheit wird euch frei machen.
Johannes 8,31f

Diese befreiende Botschaft entdecke ich in der Bibel an vielen Stellen. Zwischendurch bleiben mir diverse Fremdartigkeiten nicht erspart. So will ich weiter erkunden, was mir die Bibel von Gott erzählt. Die mystische Betrachtungsweise steht in ihr nicht im Vordergrund, aber sie kommt vor. Ich folge ihren Spuren.

Kapitel II

*Gelobt sei der Name Gottes
von Ewigkeit zu Ewigkeit!
Er allein
ist weise und mächtig.
Er ist es,
der die Gewalt über Zeiten
und Veränderungen hat.*

Daniel 2,20f

Von Anfang bis Zweifel

„Wer behauptet, alle Antworten zu kennen, hat in Wirklichkeit kaum begriffen, auf welche Erkenntnis es ankommt" (1 Korinther 8,2). – Da kann ich Paulus mal guten Gewissens zu hundert Prozent zustimmen! Leute, die in Glaubensdingen vorgeben, alles zu wissen, sind mir geradezu unheimlich. Und so mache ich auch keinen Hehl daraus, wenn ich etwas nicht kapiere. Ich hoffe sehr und arbeite hart daran, in der Erkenntnis Gottes voranzuschreiten, aber ich weiß auch: Alles werde ich nicht durchschauen, vielleicht sogar das Wichtigste nicht. Zumindest nicht unter den Bedingungen von Zeit und Raum. Ich hoffe aber zuversichtlich, eines Tages (wenn nicht mehr in Tagen gezählt wird) zu erkennen, was mir jetzt noch versagt bleibt. Beim Propheten Daniel lese ich: „Ich hörte zwar, was er sagte, aber ich verstand es nicht. ... Doch er antwortete mir: Lass diese Dinge auf sich beruhen, Daniel, denn diese Worte sollen für die Zeit des Endes versiegelt und verwahrt werden" (Daniel 12,8f).

Auch in meiner Verkündigung als Pfarrer gebe ich offen zu, wie schwer ich mich manchmal tue mit den Glaubensdingen – in der Hoffnung, anderen Suchenden und Irrenden den Druck zu nehmen, sie seien allein mit ihren Fragen und Bedenken. Meine Gedanken gleichen Gazellen, springen von hier nach dort und zurück und zur Seite ... Ich beherrsche die Kunst der Ablenkung perfekt, und es scheint oft, als würde ich nicht Gott entgegeneilen, sondern vor ihm davonlaufen.

Ich nehme an, es lag daran, dass ich in diesen Sachen meistens sehr ehrlich bin und betone, dass es „den" Glauben nicht gibt, sondern nur sehr individuelle Wege zu Gott, dass ich einmal von einem Gottesdienstbesucher das gut gemeinte Lob bekam, ich sei ja ein „weltlicher Pfarrer". An den Augen des Mannes sah ich, wie freundlich das gemeint war, doch mich traf das Wort hart. Ich möchte ein „geistlicher Pfarrer" sein – nicht vergeistigt und weltfern, aber doch aus dem Geist Gottes heraus lebend und glaubend. Viele scheinen anzunehmen, der „normale" Pfarrer rede ohnehin über ihre Köpfe hinweg. Dass ihre Realität in der Kirche vorkommt, liegt außerhalb ihrer Vorstellung. „Himmelskomiker" nannte einmal jemand uns Geistliche, und das war keineswegs lustig gemeint.

Der Gott, dem ich vertraue, nimmt mir meine Zweifel und Umwege nicht krumm. Sie sind Ausdruck meines aufrichtigen Bemühens um Klarheit. Was im Jakobusbrief zu lesen ist, spricht mir aus der Seele:

Wenn jemand unter euch Weisheit braucht, weil er wissen will, wie er nach Gottes Willen handeln soll, dann kann er Gott einfach darum bitten. Und Gott, der gerne hilft, wird ihm bestimmt antworten, ohne ihm Vorwürfe zu machen. Aber wer ihn fragt, soll auch wirklich mit seiner Antwort rechnen! Denn einer, der zweifelt, ist so aufgewühlt wie eine Meereswoge, die vom Wind getrieben und hin- und hergeworfen wird.

Jakobus 1,5f

Ja, das kenne ich nur zu gut: hin- und hergeworfen zu sein im Ozean Gottes; um Luft ringend; in Panik, unterzugehen. Doch siehe, ich lebe immer noch. Ich glaube immer noch. Und ich ahne – wenn auch noch zögerlich und oft konturlos – wie wahr die Erkenntnis aus dem Buch der Sprüche ist: „Die Ehrfurcht vor dem Herrn ist der Anfang der Weisheit. Gott, den Heiligen, zu erkennen führt zur Einsicht" (Sprüche 9,10). Ich bin noch weit entfernt. Aber unterwegs!

Kein Haus groß genug,
kein Wort, kein Zeichen

Nur die männlichen Angehörigen einer Priesterfamilie dürfen von diesem Opfer essen, denn es ist besonders heilig" (3. Mose 6,22). Das ist eine von vielen kultischen Anweisungen des Mose; die Frauen abwertende Gesinnung liegt klar auf der Hand. Eine Mutter ist nach der Geburt eines Mädchens auch doppelt so lange rituell unrein wie nach der Geburt eines Jungen (vgl. 3. Mose 12,5).

Einige der Gesetze und Ordnungen, die Mose im Auftrag Gottes erließ, entsetzen uns heute, und wir fragen zu Recht: Hat der Mann Gottes wirklich den Willen seines Herrn kundgetan – oder versah er hier und da eigene Ansichten mit der höheren Weihe von Gottes Gebot?

„Aarons Söhne Nadab und Abihu nahmen jedoch ihre Räucherpfannen, legten glühende Kohlen hinein und streuten Weihrauch darüber. Sie verbrannten so ein eigenmächtiges Räucheropfer für den Herrn, das er ihnen nicht befohlen hatte. Da ging Feuer vom Herrn aus und tötete die beiden Männer" (3. Mose 10,1f). Dieser hart geahndete Verstoß gegen die Hierarchie klingt eindeutig nach einer Warnung für alle anderen: Wer nach eigenen Ideen handelt, wird bestraft. „Mose sagte zu ihnen: Wenn ihr diese Anweisungen des Herrn befolgt, wird euch die Herrlichkeit des Herrn erscheinen" (3. Mose 9,6). Das stärkste Argument der Regelbeobachter aller Religionen. Gefragt ist Anpassung. Gehorsam wird belohnt.

Diese Art, mit Gott und mit Glauben umzugehen, ist nicht meine. Und in diesem Sinne verstehe ich den Theologen Karl Barth, wenn er Religion als Sünde bezeichnet: weil der Mensch sich anmaßt, mit seinen eigenen Vorstellungen, seinen Ritualen und Bräuchen Gott definieren zu wollen. Daher leuchtet mir ein, dass unsere Glaubenssätze und Glaubenssymbole nur zeichenhaft für die unfassbare Wirklichkeit Gottes stehen können. Die Taufe ist ein Bild für die Erlösung, aber bewirkt sie diese ursächlich? Braucht Gott unbedingt Wort und Wasser – und mich, den Täufer? Im Abendmahl erfahren wir Gemeinschaft mit Gott, doch diese Gemeinschaft besteht ja schon, ich stelle sie nicht her, indem ich die Einsetzungsworte wie einen magischen Zauberspruch aufsage. Veranschaulichen die Sakramente nicht eher, was bereits da ist?

Auch in der Bibel sehen wir, dass Menschen erkennen, wie bescheiden ihre Möglichkeiten sind, das göttliche Mysterium zu erfassen. Als König Salomo den Tempel in Jerusalem weiht, betet er: „Aber wird Gott tatsächlich auf der Erde wohnen? Der höchste Himmel kann dich nicht fassen – wie viel weniger dieses Haus, das ich errichtet habe!" (1. Könige 8,27).

Der weise Monarch macht sich nichts vor und akzeptiert seine Grenzen: Der Tempel ist ein schönes Gleichnis für die Anwesenheit Gottes mitten unter den Menschen. Aber er kann Gott nicht fassen. Wir können Gott nicht fassen. Religion – ganz gleich welcher Konfession – steht immer in der Gefahr, sich zu viel anzumaßen. Die Mystik ist ein Weg, sich dem Unsagbaren zu nähern. Eine mystische Erfahrung hat Mose selbst gemacht: Er sieht einen Dornbusch in Flammen stehen, der dennoch nicht verbrennt. Dieses seltsame Ereignis will er näher betrachten und geht in Richtung Dornbusch.

Als der Herr sah, dass Mose herankam, um es genauer zu betrachten, rief er ihn aus dem Busch heraus: „Mose! Mose!" „Hier bin ich!", antwortete Mose.

„Komm nicht näher!", befahl Gott ihm. „Zieh deine Sandalen aus, denn du stehst auf heiligem Boden. Ich bin der Gott deiner Vorfahren – der Gott Abrahams, der Gott Isaaks und der Gott Jakobs." Als Mose das hörte, verhüllte er sein Gesicht, denn er hatte Angst, Gott anzuschauen.

2. Mose 3,4-6

Eigentlich hätte Mose aus diesem Staunen lernen können: So einfach ist das mit Gott nicht. Er zeigt sich in seltsamen Zeichen. Man kann ihm so nah sein – und trotzdem sich fürchten. Furcht indessen tut nahen Beziehungen nicht gut.

Ich bete:
> Du, an den ich denke, wenn ich nachts wach liege.
> Du, den ich nicht begreife.
> Du, der mich fasziniert.
> Du mit dem seltsamen Namen „Ich bin da".
> Du, der du mich betört hast.
> Du, den ich mit dem abgegriffenen Wort Gott umschreibe.
> Deine Nähe suche ich.

Trübe Spiegel

Gott will im Dunkel wohnen und hat es doch erhellt. Als wollte er belohnen, so richtet er die Welt." So dichtet Jochen Klepper in seinem Adventslied „Die Nacht ist vorgedrungen". Den (in der religiösen Sprache eher ungewohnten) Zusammenhang von Gott und Dunkel hat der evangelische Schriftsteller wohl der Ansprache König Salomos vor der Tempelweihe entlehnt, in der es heißt: „Der Herr hat gesagt, dass er im tiefsten Dunkel wohnen will" (1. Könige 8,12). Doch die enge Beziehung von Gott und Dunkelheit entsprach auch der Glaubenserfahrung Kleppers. In den Dunkelheiten seines Lebens war ihm Gott intensiv nahe.

Mit der Licht-Metapher sind wir bestens vertraut: Jesus Christus ist Licht und bringt das Licht, und wir sollen Licht sein. Doch Licht ist nicht gleich Licht: „Nur er allein [Jesus Christus] wird nie sterben, und er wohnt in einem Licht, zu dem niemand kommen kann. Niemand hat ihn je gesehen oder kann ihn sehen. Ihm sei Ehre und Macht in alle Ewigkeit! Amen" (1. Timotheus 6,16). Diese Weisheit des Paulus hat wiederum Jochen Klepper in singbare Verse gebracht: „Gott wohnt in einem Lichte, dem keiner nahen kann. Von seinem Angesichte trennt uns der Sünde Bann. Unsterblich und gewaltig ist unser Gott allein, will König tausendfaltig, Herr aller Herren sein."

Jochen Klepper fand im 20. Jahrhundert in den Worten der Heiligen Schrift seine Sicht des Glaubens wieder, und wenn Christinnen und Christen im Gottesdienst seine Liedtexte singen, dann werden sie ganz behutsam in die scheinbaren Unvereinbarkeiten der Mystik eingeführt. Klepper gelingt es, die rätselhaften Ansätze zu popularisieren.

Darum bemüht sich auch der Apostel Paulus. Streckenweise könnte man bei der Lektüre seiner Briefe ja den Eindruck gewinnen, Paulus kenne sich mit Gott bestens aus. Sehr detailliert vermag er den rechten Glauben darzulegen. Doch dann wiederum – und diese Ehrlichkeit ist ihm hoch anzurechnen – bekennt er freimütig:

Jetzt sehen wir die Dinge noch unvollkommen, wie in einem trüben Spiegel, dann aber werden wir alles in völliger Klarheit erkennen. Alles, was ich jetzt weiß, ist unvollständig; dann aber werde ich alles erkennen, so wie Gott mich jetzt schon kennt.
1. Korinther 13,12

Warum sollte es mir besser gehen als Paulus? Er weiß nur Unvollständiges, ich weiß noch viel weniger. Paulus kann sich in Spitzfindigkeiten verlieren. Aber er berichtet ebenso freimütig von einem Erlebnis, das rational nicht zu deuten ist: „Ich wurde vor vierzehn Jahren in den dritten Himmel hinaufgehoben, doch ob mein Körper dort war oder nur mein Geist, weiß ich nicht; das weiß nur Gott. Und ich weiß nicht, wie ich dorthin gelangte – das weiß nur Gott. Aber ich weiß, dass ich ins Paradies versetzt wurde und erstaunliche Dinge hörte, die sich nicht in Worte fassen lassen" (2. Korinther 12,2-4). Hier denkt der Denker Paulus nicht mehr. Hier erkennt er an: Manches lässt sich einfach nicht fassen, schon gar nicht in Worte. Unser Bemühen, Dinge beschreiben zu wollen, entspringt eben auch dem Wunsch, sie handhabbar zu machen.

Der mystische Zugang zu Gott steht in dem zweifelhaften Ruf, schwärmerisch zu sein. Da glaube jeder, was er wolle. In der Tat lässt sich Mystik nicht kontrollieren. Aber es geht weder um Willkür noch um rauschhafte Ekstase (die vorkommen kann), sondern um Gemeinschaft mit Gott. Wenn Mystiker von „Verschmelzung" sprechen, hat das fast eine erotische Komponente. Ich suche die Überwindung der Einsamkeit, das Einswerden mit Gott – der so total anders ist als ich und doch in mir. Herrlich paradox!

„Es gibt keinen Gott!" – „Soso. Und wie kommst du darauf, wenn ich fragen darf?" – „Na, er hat es mir selbst gesagt ..."

Verstand ist gut, Verstehen ist mehr

Der gepeinigte Hiob leidet – auch unter seinen Freunden. Zofar fragt ihn boshaft: „Kannst du Gott in seiner Tiefe begreifen?" (Hiob 11,7). Diese Frage erscheint wie eine Keule, um Hiob kleinzumachen. Dabei scheint Zofar selbst bestens Bescheid zu wissen, wie Gott ist und was Gott will.

Wer sich auf Gott einlässt, merkt schnell: Mit dem Hirn ist er nicht zu fassen. „Vertraue von ganzem Herzen auf den Herrn und verlass dich nicht auf deinen Verstand" (Sprüche 3,5). Das kann aber doch wohl nicht bedeuten, Glaube und Verstand ließen sich nicht miteinander vereinbaren (ein gängiges Argument der Religionskritiker)? Der Verstand ist uns Menschen gegeben, um klug und verantwortungsbewusst unser Dasein auf Erden zu gestalten. Nachdenken ist anstrengend, aber nötig, wie bereits der Prediger klagt:

Ich bemühte mich, mithilfe meines Verstandes die Dinge zu erforschen und zu erkunden. All mein Streben galt der Weisheit, denn mit ihrer Hilfe wollte ich ergründen, was in der Welt geschieht: Es ist eine mühsame Arbeit, und Gott hat sie den Menschen auferlegt, damit sie sich damit quälen.

Kohelet/Prediger 1,13

Mit „quälen" hat der Prediger ein dramatisches Wort gewählt, wahrscheinlich um zu verdeutlichen, wie anstrengend Kopfarbeit sein kann. Doch sie bleibt uns nicht erspart: Wir sollen die Welt erkunden und ergründen, zum Nutze aller. Und je mehr wir wissen, desto deutlicher wird uns, was wir alles nicht wissen. Das gilt für die Wissenschaft – und auch für mich selbst und mein kleines Leben.

Die Warnungen der Bibel vor der Überschätzung des Verstandes verstehe ich in erster Linie als Eingeständnis, dass Gott auf diese Art nicht zu erfassen ist. Die Theologie (das strukturierte Nachdenken über Gott) ordnet systematisch, was die Glaubenden im Laufe der Zeit alles geglaubt und erfahren haben. Sie fördert außerdem aufgrund archäologischer, soziologischer oder linguistischer Erkenntnisse neues Verstehen. Doch im Kern unberührt bleibt davon das Geheimnis Gottes. Vor diesem Mysterium kann ich nur schweigend staunen und, wie König David, demütig beten: „Herr, mein Herz ist nicht stolz und meine Augen schauen nicht auf andere herab. Ich beschäftige mich nicht mit Dingen, die zu groß oder zu wunderbar für mich sind. Ich bin ganz still und geborgen, so wie ein Kind bei seiner Mutter. Ja, wie ein Kind, so ist meine Seele in mir" (Psalm 131,1f).

Ein schönes Beispiel dazu: In der ersten Woche des Advent spreche ich mit den Kindern im Schulgottesdienst über die Vorgeschichte Jesu. Ob jemand weiß, was vor seiner Geburt passierte? Ein Neunjähriger meldet sich: „Der Josef ist gar nicht der Vater! Maria hat das Kind anders bekommen, als wir das machen." – Großartig, damit ist alles gesagt. Kein Entmythologisieren, kein Nachforschen, was, wann, wo und wie geschah. Gott hat gewirkt, das genügt. – Diese kleine Anekdote erzählte ich einem Kollegen im Pfarramt, der trocken kommentierte: „Der Junge ist genial. Karl Barth hätte dafür hundert Seiten gebraucht." Vielleicht meint Jesus genau das, wenn er sagt: „Wenn ihr nicht umkehrt und werdet wie die Kinder, werdet ihr nie ins Himmelreich kommen" (Matthäus 18,3).

Gottesdurst

Ab und zu habe ich Durst auf Pampelmusensaft oder ein kühles Kölsch, mal auch auf den türkischen Joghurtdrink Ayran, und ganz, ganz selten muss es eine Cola sein. Dabei gibt es ja nur eines, was wirklichen Durst stillt: Wasser.

Durst macht mich unruhig und unkonzentriert, und wenn ich lange nichts getrunken habe, bekomme ich Kopfschmerzen. Man verdurstet eher als man verhungert. Doch zur Stillung meines Durstes steht alles bereit: verschiedenste Getränke im Haushalt und eine nie versiegende Leitung mit Trinkwasser. – Doch da ist noch ein anderer Durst:

Wie der Hirsch nach Wasser dürstet,
so sehne ich mich nach dir, mein Gott.
Mich dürstet nach Gott,
nach dem lebendigen Gott.
Psalm 42,2-3a

Dieser Durst ist mir irgendwie unheimlich. Denn mir ist oft nicht bewusst, dass es der Durst nach Gott ist, der mich umtreibt. Dieser unbändige Durst äußert sich in dem Drang nach „Mehr": Ich will immer mehr! Von allem! Mehr, als ich bin und habe und weiß und besitze! Weil ich nicht Gott als das Ziel meines Verlangens erkenne, drängt es mich in absurde Versuche, es zu stillen. Und offensichtlich geht es anderen Menschen ähnlich. Könnte es nicht sein, dass all unsere schrägen Bemühungen um Erfüllung etwas mit Gott zu tun haben? Nationalismus und Machtstreben, Rausch und Extremsport,

Kunst und die Jagd nach Luxus, Macht und Schönheitswahn ... – was wir uns alles so einfallen lassen (und das wird immer verrückter), um zu spüren: „Es gibt mich!"? Oder denken wir an den Griff nach den Sternen, an die Bemühungen, die Lebensdauer mit allen Mitteln zu steigern, an die Illusion, das Altern, ja den Tod zu besiegen (irgendwann wird die Sonne doch verlöschen!) ... Ob all das nicht auch etwas mit unserer Sehnsucht nach Gott zu tun hat?

Keine Ahnung, ob alle Wesen letztlich Gott suchen. Aber ich tue es. Ich weiß: Eigentlich suche ich nur Gott – in der Musik, am Meer, in intensiven Gesprächen, in der Sexualität, im Schreiben, im Zigarrenrauchen, in den vielfältigen kleinen Ereignissen meiner unspektakulären Existenz. So kann ich mit dem 63. Psalm beten:

„Gott, du bist mein Gott;
dich suche ich von ganzem Herzen.
Meine Seele dürstet nach dir,
mein ganzer Leib sehnt sich nach dir
in diesem dürren, trockenen Land,
in dem es kein Wasser gibt." (Psalm 63,2)

Dieses Bibelwort macht mir deutlich, was mir vorher nur verschwommen klar war: Wie es das körperliche Verlangen nach Berührung mit einem geliebten Menschen gibt, so gibt es ein leibliches Sehnen nach Gott. Denn ich spüre die Dürre: ein Alleinsein in der Welt, in die ich ohne mein Einverständnis hineingeworfen wurde. Die Bibel beschreibt diese Ahnung mit dem Bild des Durstes. Alles, was lebt, kennt Durst!

Bei Durst hilft keine Beförderung, kein Lottogewinn, keine Lyrik. Bei Durst hilft nur Flüssigkeitsaufnahme. Beim Durst nach Gott hilft keine Beförderung, kein Lottogewinn, keine Lyrik. Übrigens auch keine künstliche Intelligenz.

Durstlöscher

Eigentlich bin ich ein zufriedener Mensch! Behütete Kindheit. Sechs Geschwister! Verheiratet, zwei Kinder, gute Freunde. Einen Beruf, der mich erfüllt. Dazu die Anerkennung als Schriftsteller und Publizist. Ich bin gesund, finanziell in halbwegs gesicherten Verhältnissen und lebe in einem demokratisch organisierten Land in Frieden. Das ist alles nicht perfekt, aber doch so, dass ich mich glücklich preisen kann. Eigentlich. Wäre da nicht dieser Durst! Ein Durst, der sich nicht stillen lässt durch Vergnügen, Kunst, Philosophie, Genuss, mehr Geld, mehr Einfluss, mehr von ... irgendetwas.

Wenn die Menschen dieses Wasser getrunken haben, werden sie schon nach kurzer Zeit wieder durstig. Wer aber von dem Wasser trinkt, das ich ihm geben werde, der wird niemals mehr Durst haben. Das Wasser, das ich ihm gebe, wird in ihm zu einer nie versiegenden Quelle, die unaufhörlich bis ins ewige Leben fließt.

Johannes 4,13f

Die Frau, der Jesus dies am Jakobsbrunnen sagt, reagiert ganz vernünftig: „Gib mir von diesem Wasser." Sie denkt noch, es gehe um den alltäglichen Durst. Den kann ich – gottlob – einfach stillen. Den Durst nach Gott kann ich nur bei Gott stillen. „Wenn jemand Durst hat, soll er zu mir kommen und trinken!" (Johannes 7,37), lädt mich Jesus ein. Trinken heißt hier: an ihn glauben, ihm vertrauen. Dadurch wird mein Durst gestillt.

Die Metapher vom Wasser des Lebens finde ich im letzten Buch der Bibel wieder: „Denn das Lamm, das in der Mitte auf dem Thron ist, wird ihr Hirte sein und für sie sorgen. Es wird sie zu den Quellen führen, aus denen das Wasser des Lebens strömt" (Offenbarung 7,17). Aber bereits im Alten Testament betet David: „Denn du bist die Quelle des Lebens und das Licht, durch das wir leben" (Psalm 36,10). Und Jesaja betont das bedingungslose Angebot Gottes, das allen offensteht: „Auf, ihr Durstigen, kommt zum Wasser! Geht los, auch wenn ihr kein Geld habt" (Jesaja 55,1). Er weitet das Bild auf Essen und Trinken aus: Brot, Wein, Milch stehen kostenlos zur Verfügung – als Symbol für das Heil, das von Gott kommt: „Eure Seele wird satt werden."

Sich zu diesem Durst zu bekennen, das fällt nicht leicht. Damit offenbare ich ein Defizit. Obwohl ich alles habe, habe ich nicht alles. Dazu fällt mir jemand ein, der immer wieder Kontakt zu mir sucht. Mit dem Glauben, den ich verkünde, tut er sich schwer und behauptet, das könne doch kein denkender Mensch für möglich halten. Gläubige müssten wohl an der Kirchentür ihren Verstand abgeben. Ich bin manchmal genervt, aber öfter noch betrübt, weil ich dieser Person nicht klarmachen kann, dass Glauben eine andere Qualität hat als religionskritische Argumente und wissenschaftliche Fakten.

Allerdings erkenne ich mich auch selbst in diesem Zweifler wieder – nur war ich da sehr viel jünger. Jedes Argument schien mir geeignet, die Existenz Gottes infrage stellen zu können: die Wunder Jesu, logische Fehler in der Heiligen Schrift, historische Unstimmigkeiten, mythologische Absurditäten ... Bis ich erkannte: „Georg, du läufst nur davon! Bekenne vor dir selbst, bekenne vor ihm: Du suchst Gott! Das ist der brennende Durst deiner Seele."

Dabei war nicht ich es, der Gott suchte – sondern Gott, der mich suchte: „Ich war für die erreichbar, die nicht nach mir fragten. Ich war für die zu finden, die nicht nach mir suchten. ‚Hier bin ich! Hier bin ich!‘, rief ich zu einem Volk, das sich nicht an meinen Namen wandte. Den ganzen Tag stand ich mit offenen Armen vor einem Volk, das sich mir widersetzt" (Jesaja 65,1f).

Das „eigentlich" ist gestrichen: Ich bin ein zufriedener Mensch! Der Durst aber ist noch da, solange ich lebe.

Eine Liebesgeschichte

Das Land ist voller Götzen. Die Menschen verneigen sich vor Dingen, die sie mit ihren eigenen Händen hergestellt haben, vor dem, was ihre Finger gefertigt haben" (Jesaja 2,8). Seit Jesaja vor 2.700 Jahren diese Beobachtung anstellte, scheint sich nichts Grundlegendes verändert zu haben. Die modernen Objekte der Anbetung fordern totale Hingabe und erhalten sie auch – das Handy und der Computer. Auch ich erliege der Sucht nach schneller Kommunikation und stets frischen Informationen. Auch ich lasse mich davon abhalten, meine Zeit für Sinnvolles zu nutzen.

Gewiss, in der Tiefe weiß ich, was meinen Wunsch nach Kontakt mit Gott stillen kann – und was nicht. Was aber nicht automatisch bedeutet, dass ich das Schädliche lasse und das Förderliche tue. „Herr, nach dir habe ich Verlangen", bete ich mit Psalm 25,1. Einige Verse weiter heißt es: „Die Freundschaft mit dem Herrn gebührt denen, die ihn ernst nehmen" (Psalm 25,14). Die Freundschaft mit dem Herrn ersehne ich, doch nehme ich ihn ernst genug? Die klare Ansage aus dem 2. Buch der Chronik beruht wohl auf Erfahrung:

„Wenn ihr ihn sucht, wird er sich finden lassen, doch wenn ihr ihn verlasst, wird er euch verlassen" (2. Chronik 15,2).

Die später folgende Drohung, dass jeder, der den Herrn, den Gott Israels, nicht suchen wolle, hingerichtet werden solle, ganz gleich, ob jung oder alt, Mann oder Frau (vgl. 2. Chronik, 15,13), darf ich guten Gewissens zurückweisen. Hier schießt der Missionseifer des Autors dieses biblischen Buches weit übers Ziel hinaus, denn diese Aussage widerspricht fundamental der Grundregel meiner Überzeugung: Gott gewährt Freiheit!

Jenen, die ihn suchen wie ich, macht es Gott aber auch nicht gerade leicht. Die Psalmen kennen die Not der Frommen: „Herr, warum bist du so fern? Warum verbirgst du dich, wenn ich dich am nötigsten habe?" (Psalm 10,1). „Herr, du bist mein schützender Fels. Hilf mir und wende dich nicht schweigend von mir ab. Denn wenn du schweigst, ist es besser, ich gebe auf und sterbe" (Psalm 28,1). Doch da keimt auch die Erinnerung an Bewahrung: „Wenn ich in der Nacht wach liege, denke ich über dich nach, die ganze Nacht denke ich nur an dich. Ich denke daran, wie sehr du mir geholfen hast; ich juble vor Freude, beschützt im Schatten deiner Flügel" (Psalm 63,7f).

Wenn ich meine persönliche Beziehung zu Gott betrachte, erscheint sie mir wie eine Liebesgeschichte. Da gibt es Sehnsucht und Kummer, Streit und Trennung, Versöhnung und stille Übereinkunft, zusammenzugehören. Der Vergleich mit der Liebe zu einem Menschen hinkt natürlich, mahnt die Schrift doch: „Verlasst euch nicht auf den Menschen, der doch von der Atemluft abhängig ist. Was kann man von ihm schon erwarten?" (Jesaja 2,22). Gott ist eben so anders, es bleiben nur matte Vergleiche, um überhaupt veranschaulichen zu können, was da abgeht. Ich spüre, wie fern mir Gott ist – und doch so nah. Ich will beten, traue aber meinen eigenen Worten und Zeichen nicht. Mir bleibt nur das Vertrauen, das mal mehr, mal weniger gelingt. Ach, hätte ich das Vertrauen des Hiob:

Ich wollte, ich wüsste, wie ich Gott finden und zu seiner Wohnung kommen könnte. Ich würde ihm mein Anliegen schildern und meine Argumente vortragen. Dann wollte ich wissen, was er mir entgegnet, und die Worte verstehen, die er zu mir sagt. Würde er wohl mit seiner unermesslichen Kraft mit mir streiten? Nein, er würde mich anhören. Da würde ich dann als Aufrichtiger einen Rechtsstreit mit ihm führen, und mein Richter würde mich für immer freisprechen. Doch gehe ich nach Osten, so ist er nicht da. Gehe ich nach Westen, merke ich nichts von ihm. Tut er sein Werk im Norden, fällt es mir nicht auf. Wende ich mich nach Süden, sehe ich ihn nicht. Er aber kennt meinen Weg.

Hiob 23,3-10

Der fremde Herrscher

Wenn ich als Kind den „lieben Gott" malte, dann sah er auf den Bildern aus wie ein alter König mit langem, weißem Bart. Eine Vorstellung, gegen die ich später lange ankämpfen musste. Sie speist sich aus uralten Gottesbildern; bereits vor zweieinhalbtausend Jahren erblickte der Prophet Daniel ein ähnliches Traumgesicht: „Dann sah ich, wie Thronsessel aufgebaut wurden. Da hinein setzte sich ein sehr alter Mann, um Gericht zu halten. Seine Kleidung war weiß wie Schnee, sein Haar so hell wie die weißeste Wolle. Sein Thron bestand aus Flammen und stand auf Rädern aus loderndem Feuer, und ein Feuerstrom ging von ihm aus. Millionen Engel dienten ihm, 100 Millionen erwarteten seine Befehle. Die Gerichtssitzung wurde eröffnet und Bücher wurden aufgeschlagen" (Daniel 7,9f).

Im David zugeschriebenen Psalm 18 kommt Gott martialisch daher: „Rauch drang aus seiner Nase und Flammen aus seinem Mund, und glühende Kohlen wurden herausgeworfen. Er tat den Himmel auf und kam herab, dabei war es dunkel unter seinen Füßen. Auf einem mächtigen Engel flog er herbei, er schwebte herab auf den Flügeln des Windes. Er hüllte sich in Dunkelheit und verbarg sein Kommen in schwarzen Wolken. Der Glanz seiner Gegenwart durchbrach die Wolken, und es regnete Hagel und glühende Kohlen. Der Herr donnerte im Himmel, der Höchste ließ seine gewaltige Stimme erschallen" (Psalm 18,9-14).

Solche Gottesbilder sind mir sehr fremd; ich kann sie höchstens einordnen als Ausdruck einer überwältigenden Erfahrung, für die man keine rechten Worte findet und die zum Beispiel Samuel beten lässt: „Du bist groß, Gott, mein Herr! Keiner ist dir gleich, und es gibt keinen anderen Gott. Wir haben nie auch nur von einem anderen Gott wie dir gehört" (2. Samuel 7,22). Dass die Israeliten nie von einem anderen Gott gehört hätten, ist natürlich ein Ausdruck poetischer Hingabe. Sie wussten genau von den Göttern der anderen Völker, sie kannten die Versuchung, sich vom wahren Gott ab- und den attraktiver scheinenden neuen oder gar selbst erschaffenen Göttern zuzuwenden. Gott selbst urteilt darüber mit ironischem Spott: „Denn der Gottesdienst der Völker ist dumm: Ein geschnitztes Götzenbild bleibt doch ein Stück Holz, das man im Wald geschlagen hat. Es ist nicht mehr als ein kunstvolles Werk: Mit Gold und Silber hat es der Künstler schön verziert, mit Nägeln befestigt man es, damit es nicht umfällt. Und dann stehen diese Götter da wie Vogelscheuchen in einem Gurkenfeld. Sie können nicht reden und sind auch nicht in der Lage, sich zu bewegen – sie müssen getragen werden! Vor solchen Götzen braucht ihr keine Ehrfurcht zu haben. Sie können euch weder schaden noch nützen" (Jeremia 10,3-5).

Der Gott Israels hingegen kann schaden und nützen; schon mit ihm in Kontakt zu treten ist ein gefährliches Unterfangen. Gott spricht zu seinem Knecht Mose (der Gott nie mit der vertraulichen Bezeichnung „Vater" angesprochen hat): „Ich will meine Güte an dir vorüberziehen lassen und will meinen Namen ‚der Herr' vor dir ausrufen. Ich schenke meine Gnade und mein Erbarmen, wem ich will. Mein Gesicht kannst du jedoch nicht sehen, denn jeder Mensch, der mich sieht, muss sterben" (2. Mose 33,19f).

Allein die Nähe Gottes kann tödlich sein, zumindest für „unbefugte" Personen. Als König David die Bundeslade – Symbol der Gegenwart Gottes – nach Jerusalem transportieren lässt, kommt es zu einem Zwischenfall: „Doch als sie zur Tenne von Nachon kamen, stolperten die Rinder, und Usa streckte die Hand aus, um die Lade Gottes festzuhalten. Da wurde der Herr zornig auf Usa, weil er das getan hatte, und Gott tötete ihn, sodass er dort neben der Lade des Herrn starb" (2. Samuel 6,6f). Im ersten Buch der Chronik wird die gleiche Episode erzählt, da heißt es ergänzend: „So starb Usa in der Gegenwart Gottes" (1. Chronik 13,10). David war empört! Ich bin eher verwirrt und abgestoßen von derlei Geschichten.

Die Heilige Schrift präsentiert Gott oft als einen eifersüchtigen und unberechenbaren Machthaber, der zum Beispiel spricht: „Ich allein bin es! Es gibt keinen Gott außer mir! Ich bin es, der tötet und der Leben gibt; ich verwunde und ich heile. Niemand kann aus meiner Hand erretten!" (5. Mose 32,39). Zu den pädagogischen Maßnahmen, die Gott bereit ist, anzuwenden, etwa gegen Gog (den Inbegriff der Feinde Israels), gehören drastische Mittel: „Ich werde Gog richten durch Krankheit und Blutvergießen; ich werde Platzregen, Hagelstürme und brennenden Schwefel auf ihn, sein Heer und die vielen Völker bei ihm regnen lassen! So will ich meine Größe und Heiligkeit zeigen und mich vielen Völkern offenbaren. Dann werden sie erkennen, dass ich der Herr bin!" (Hesekiel 38,22f).

Über weite Strecken finde ich in der Bibel überhaupt keine mystische Sensibilität, ganz im Gegenteil. Gott wird mir als strenger Herrscher präsentiert, der genaue Vorschriften erlässt, wer ihm wann auf welche Weise nahen darf. Dafür gibt es zahlreiche Anweisungen. Dieser Gott legt enormen Wert auf die Unterscheidung von „heilig" und „profan". So spricht er zu Aaron: „Die folgende Vorschrift gilt für dich und deine Nachkommen für alle Zeiten. Wenn ihr sie nicht einhaltet, müsst ihr sterben: Ihr dürft weder Wein noch andere alkoholische Getränke trinken, bevor ihr das Zelt Gottes betretet, damit ihr unterscheiden könnt zwischen dem Heiligen und dem Gewöhnlichen, zwischen dem Reinen und dem Unreinen. So könnt ihr die Israeliten alle Vorschriften lehren, die der Herr ihnen durch Mose gegeben hat" (3. Mose 10,9-11). – Mir drängt sich der Eindruck auf, dieses Regelwerk dient vor allem dazu, Macht und Einfluss der offiziellen Religionsdiener zu sichern, also eine Hierarchie des Glaubens zu legitimieren. Dass der Gott, den ich suche, dem ich vertraue, die Dinge so sieht und so will, bleibt mir völlig verschlossen.

Wir Menschen machen uns von Gott menschliche Bilder, das überrascht nicht. Wenn ich mit Gott in Kontakt treten möchte, kann ich das nur mit meinen Möglichkeiten. Ich spreche – und Gott hört; doch braucht er dafür Ohren? Ich möchte gesehen werden; doch lässt sich daraus schließen, Gott habe Augen? Wenn er spricht – mit Kehlkopf und Zunge? Wenn er handelt, mit einer Hand? Das sind doch lyrische Hilfskonstruktionen, und selbst wenn Gott „lacht und spottet" (Psalm 2,4), dann aus der Idee, Gott und Mensch seien sich ganz nah.

Hiob erkennt aber: „Gott ist kein Sterblicher wie ich, deshalb kann ich nicht mit ihm streiten und ihn nicht zur Rechenschaft ziehen" (Hiob 9,32). Hiob erkennt: Gott ist eben der ganz Andere:

Wenn er sich mir nähert, kann ich ihn nicht sehen, wenn er an mir vorbeigeht, erkenne ich ihn nicht, und wenn er sich entfernt, merke ich es nicht.
Hiob 9,11

Ja, da keimt wieder etwas von dem auf, wonach ich mich sehne: ein Bild von Gott, das ihn nicht definiert! Doch sind nicht die ganzen seltsamen biblischen Bilder von Gott der Unfähigkeit geschuldet, mit dem unfassbaren Gott angemessen umzugehen? Ich will den Autoren der Heiligen Schrift nicht vorwerfen, sie hätten Falsches geschrieben. Einiges nährt allerdings nicht meinen Glauben, es führt mich eher weg davon. Dann aber wiederum finde ich Wahrheit, die mir einleuchtet. Bei Nehemia heißt es im Auftakt zu einem großen Gebet: „Gepriesen sei dein herrlicher Name! Er ist größer, als wir es mit unserem Lobpreis ausdrücken können" (Nehemia 9,5).

Eure Bilder sind *eure* Bilder

Als Paulus zu den Athenern vom „unbekannten Gott" spricht, sagt er Wahres, dem ich gut folgen kann: „Ihr habt ihn angebetet, ohne zu wissen, wer er ist, und nun möchte ich euch von ihm erzählen. Er ist der Gott, der die Welt und alles, was darin ist, erschuf. Weil er der Herr über Himmel und Erde ist, wohnt er nicht in Tempeln, die Menschen erbaut haben. Er braucht keine Hilfe von Menschen. Er selbst gibt allem, was ist, Leben und Atem, und er stillt jedes Bedürfnis, das ein Mensch haben kann" (Apostelgeschichte 17,23-25).

Mein Bedürfnis ist es, diesen Gott zu suchen und zu finden, ihm nahe zu sein und in seiner Gegenwart zu leben. Manchmal hilft mir dazu das, was die Heilige Schrift von Gott sagt, manchmal aber muss ich auch den Kopf schütteln, weil ich den Gottesbildern der Bibel nicht folgen kann. Bestens kann ich hingegen das nachvollziehen, was bei Jesaja als Selbstaussage Gottes zu lesen ist:

„Meine Gedanken sind nicht eure Gedanken", sagt der Herr, „und meine Wege sind nicht eure Wege. Denn so viel der Himmel höher ist als die Erde, so viel höher stehen meine Wege über euren Wegen und meine Gedanken über euren Gedanken."
Jesaja 55,8f

„Eure Bilder sind *eure* Bilder, nicht meine", könnte man sinngemäß fortführen. Die Bibel zeichnet nicht das eine, einzige, richtige und absolute Bild von Gott, sondern sie trägt ganz verschiedene Steinchen zu einem großen Mosaik zusammen. Zu Mose spricht der Herr aus der Wolkensäule: „Ich bin der Herr, der barmherzige und gnädige Gott. Meine Geduld, meine Liebe und Treue sind groß. Diese Gnade erweise ich Tausenden, indem ich Schuld, Unrecht und Sünde vergebe. Und trotzdem lasse ich die Sünde nicht ungestraft, sondern kümmere mich bei den Kindern um die Sünden ihrer Eltern, bis in die dritte und vierte Generation" (2. Mose 34,6f). Doch Hiobs Freund Elihu hat eine andere Gotteserfahrung gemacht: „Gott ist mächtig, doch nicht nachtragend! Mitgefühl ist seine besondere Stärke" (Hiob 36,5). Und auch die Klagelieder sind überzeugt: „Der Herr verstößt niemanden endgültig: Wenn er Leid bringt, hat er auch wieder großes Erbarmen. Denn er hat keine Freude daran, die Menschen zu quälen und ins Elend zu stürzen" (Klagelieder 3,31-33). Das ist mir nicht nur sympathischer, sondern entspricht auch meinem Erleben.

Abraham handelt mit Gott wie auf dem orientalischen Basar, wenn es darum geht, die Stadt Sodom vor der Vernichtung zu bewahren – immerhin genügen am Ende zehn Gerechte, um sie nicht zu zerstören. Doch sagt mir diese Episode wirklich etwas über Gott oder nicht vielmehr über einen Gottesglauben, der Gott allzu menschlich erscheinen lässt? (1. Mose 18,16-33). Als Hiob mit Gott streitet, scheint der Herr irgendwann ziemlich genervt zu sein, denn er reagiert mit beißendem Spott: „Wo warst du, als ich die Grundfesten der Erde legte? Sag es mir, sofern du Bescheid weißt!" (Hiob 38,4) – Ist das nicht irgendwie unfair, den gebeutelten Hiob so klein zu stutzen? Ich empfinde Empathie für den armen Mann, ich kann doch auch mit Gott hadern.

Gott erscheint inkognito (so bei Abraham und Sara, als er in der Gestalt dreier Männer kommt und sich zum Essen einladen lässt, 1. Mose 18,1-15). Seine Gegenwart wird ebenso als

Naturgewalt wahrgenommen: „Die Herrlichkeit des Herrn sah für die Israeliten aus wie ein loderndes Feuer auf dem Berggipfel" (2. Mose 24,17). Nach der Weihe des Tempels in Jerusalem können die Priester das Gotteshaus nicht betreten, „weil die herrliche Gegenwart des Herrn darin war" (2. Chronik 7,2). In der Himmelsvision des Johannes taucht dann wieder die Thron-Symbolik auf, und von den Wesen heißt es (an Jesaja anknüpfend): „Tag für Tag und Nacht für Nacht hören sie nicht auf zu rufen: ‚Heilig, heilig, heilig ist der Herr, Gott, der Allmächtige, der immer war, der ist und der noch kommen wird'" (Offenbarung 4,8).

Die Fülle und Verschiedenartigkeit der biblischen Gottesbilder überfordert mich. Doch ich will versuchen, sie nicht zu qualitativ zu bewerten. Ich muss jedoch, wie beim Besuch einer großen Galerie, feststellen: Das eine Bild erschließt sich mir, das andere gar nicht. Eines macht mir Freude, es zu betrachten, ein anderes spricht mich gar nicht an. Ich kann nicht mit allen Kunstwerken etwas anfangen. Und wenn mir auch das eine sofort durch die Augen in die Seele fällt, so reizt mich ein anderes mehr, weil es zwar zunächst unverständlich, doch geheimnisvoll auf mich wirkt.

Was Gott bei Jesaja verspricht, lese ich als Zusage für mich persönlich: „Ich führe Blinde einen neuen Weg, einen Weg, den sie nicht kannten, lasse ich sie gehen. Ich werde die Dunkelheit vor ihnen hell machen und den holprigen Weg vor ihnen ebnen. Diese Dinge werde ich ausführen und nicht davon ablassen" (Jesaja 42,16).

Als Suchender bin ich so oft blind für die Zeichen Gottes rings um mich, mitten in meinem Leben. Blind auch für das, was ich in der Bibel als Botschaft an mich lesen könnte. Ich taste unsicher umher und bete mit Worten aus dem Buch Daniel: „Gelobt sei der Name Gottes von Ewigkeit zu Ewigkeit!

Er allein ist weise und mächtig. Er ist es, der die Gewalt über Zeiten und Veränderungen hat. Er setzt Könige ab und setzt andere als Könige ein. Den Weisen schenkt er Weisheit und den Verständigen ihren Verstand. Er enthüllt, was unergründlich ist und in der Tiefe ruht; er weiß, was im Dunkeln ist, denn wo er wohnt, ist alles Licht" (Daniel 2,20-22).

Im 1. Johannesbrief heißt es, inhaltlich parallel, kurz und mystisch: „Gott ist Licht; in ihm ist keine Finsternis" (1. Johannes 1,5).

Abstrakt und deswegen wunderbar weit sagt Jesus: „Denn Gott ist Geist; deshalb müssen die, die ihn anbeten wollen, ihn im Geist und in der Wahrheit anbeten" (Johannes 4,24).

Wie das geht? Das herauszufinden, soll mir zur Lebensaufgabe werden!

Jesus – Gott zum Sehen

„Glaubt nicht, dass ich gekommen bin, um der Welt Frieden zu bringen! Nein, sondern das Schwert" (Matthäus 10,34). „Ich bin gekommen, um Feuer auf der Erde zu entzünden, und ich wünschte, meine Aufgabe wäre schon erfüllt!" (Lukas 12,49).

Solch anstößige Aussagen Jesu verwirren! Doch sie bewahren vor der allzu schlichten Annahme, der Gott des Alten Testamentes sei grausam, jener des Neuen hingegen sanft und immer liebevoll. Mit dieser vereinfachenden Gegenüberstellung wird nur der uralte Antijudaismus befördert. So einfach liegen die Dinge nicht.

„Niemand hat Gott je gesehen. Doch sein einziger Sohn, der selbst Gott ist, ist dem Herzen des Vaters ganz nahe; er hat uns von ihm erzählt" (Johannes 1,18). Der unsichtbare Gott macht sich sichtbar in Jesus. Dass Jesus ganz Mensch und gleichzeitig ganz Gott ist – Frucht ausführlicher theologischer und philosophischer Spekulation – ist für mich nur schwer nachvollziehbar und doch die einzige Möglichkeit, Jesus anzunehmen. Wäre er nur Gott, bliebe er mir fern. Wäre er nur Mensch, wäre er lange tot. Als Mensch gewordener Gott ist er mir nah.

Und doch halte ich ihn mir auf Abstand. Denn der Mann fordert Nachfolge, erwartet Entscheidung. Ich aber schwanke. Mit ungeheurem Anspruch sagt er: „Ich bin der Weg, die Wahrheit und das Leben. Niemand kommt zum Vater außer durch mich" (Johannes 14,6). Ich verstehe diese Absolutheit im Sinne Mahatma Gandhis, der sagte: „Es gibt keinen Weg zum Frieden. Frieden ist der Weg." Dementsprechend führt der Weg zu Gott über Gott – in Jesus.

Nur ist leider der Mann aus Nazareth in der Kirchengeschichte ganz vom „Christus" überschattet worden. Man muss nicht so weit gehen wie die Erscheinung des Johannes in der Offenbarung, wo es heißt: „Und mitten unter den Leuchtern stand der Menschensohn. Er trug ein langes Gewand mit einem goldenen Gürtel über der Brust. Sein Kopf und sein Haar waren weiß wie Wolle, so weiß wie Schnee. Und seine Augen leuchteten wie Feuerflammen. Seine Füße glänzten wie im Feuer gereinigtes Erz, und seine Stimme war wie das Tosen mächtiger Meereswellen" (Offenbarung 1,13-15). Dieser kosmische Christus eignet sich für Verehrung und Anbetung, doch er rückt Jesus von den Menschen weit weg – auch von mir.

In meiner Kirchengemeinde gab es Kritik an mir, weil ich immer mal wieder zeitgenössische Glaubenszeugnisse im Gottesdienst einsetze. Einige wollten das nicht, ihnen lag an den vertrauten Worten des Apostolikums. Es ist gut und wichtig, dass wir diesen ehrwürdigen Text haben, der zwar nicht auf die Apostel, doch auf die ganz frühe Kirche zurückgeht. Allein, dieses Bekenntnis reduziert Jesus auf seine „Heilstaten": Geburt, Leiden, Tod und Auferstehung. Auf „geboren von der Jungfrau Maria" folgt unmittelbar: „gelitten unter Pontius Pilatus". Würde ich bei einer Beerdigungspredigt sagen, die Verstorbene kam in Schlesien zur Welt und starb im Malteserkrankenhaus an Krebs, so würde die Gemeinde berechtigterweise fragen: „Was war denn dazwischen?"

Das Leben Jesu kommt im Apostolischen Glaubensbekenntnis nicht vor. Über die meisten seiner Lebensjahre wissen wir ohnehin nichts, aber die Zeit seines öffentlichen Wirkens beschreiben die Evangelien ausführlich und bunt. Jesus segnet Kinder und heilt Kranke. Er speist Hungernde und hat keine Scheu vor Auseinandersetzungen. Er pflegt Umgang mit Leuten, die in der Gesellschaft über keinen guten Leumund verfügen. Er bewahrt die Ehebrecherin vor dem sicheren Tod und beweist, als es ihm selbst ans Leben geht, bemerkenswerten Mut. Dass seine Gegner ihn Fresser und Säufer nennen, kann damit zu tun haben, dass er einfach den weltlichen Genüssen nicht abgeneigt war und gern mal einen Becher Wein trank. Wenn er mit zwölf anderen Männern über Land zog, werden sie da nicht auch gelacht und gesungen und diskutiert haben? Jesus spricht so anders von Gott als die anderen religiösen Lehrer seiner Zeit!

Ich will erkunden, was Jesus sagt und tut – und mich ernsthaft bemühen, seinem Beispiel zu folgen. Dass ich im Hinblick auf mein fortgeschrittenes Alter erst so lächerlich kleine Schrittchen vollzogen habe und selbst hinter diese immer wieder zurückfalle, ist beschämend. Damit kokettiere ich keineswegs; niemand außer mir (und Gott!) weiß, wie tief der Abgrund zwischen Anspruch und Wirklichkeit meines Lebens und Glaubens ist.

Das bedeutet aber, wer mit Christus lebt, wird ein neuer Mensch. Er ist nicht mehr derselbe, denn sein altes Leben ist vorbei. Ein neues Leben hat begonnen!

2. Korinther 5,17

Tief in mir gibt es eine Ahnung, was Paulus damit meint. Und in mir glüht die Sehnsucht nach diesem neuen Leben! Das neue Leben wird wohl immer wieder vom alten eingeholt, doch das neue setzt sich durch, wenn auch – zumindest bei mir – sehr viel langsamer, als mir lieb ist.

Es gab in meiner persönlichen Glaubensgeschichte lange Phasen, in denen mir Jesus nicht so wichtig erschien. Gott war mein Ziel, ich suchte den direkten Zugang zu ihm. Kam aber kaum vom Fleck. Als ich mich nach Jahren wieder Jesus zuwandte, öffneten sich neue Horizonte. Ich kann heute dem zustimmen, was Paulus mir rät: „Wie ihr nun Christus Jesus als euren Herrn angenommen habt, so lebt auch mit ihm und seid ihm gehorsam. Senkt eure Wurzeln tief in seinen Boden und schöpft aus ihm, dann werdet ihr im Glauben wachsen und in der Wahrheit, in der ihr unterwiesen wurdet, standfest werden. Und dann wird euer Leben überfließen von Dankbarkeit für alles, was er getan hat" (Kolosser 2,6f).

Einverstanden, doch beim nächsten Satz rücke ich innerlich schon wieder ein Stückchen zurück: „Lasst euch nicht durch irgendwelche Gedankengebäude und hochtrabenden Unsinn verwirren, die nicht von Christus kommen! Sie beruhen nur auf menschlichem Denken und entspringen den bösen Mächten dieser Welt" (Kolosser 2,8). Ach so, die eigene Position des Paulus ist göttlich belegt, die abweichenden aber sind des Übels? Das ist mir zu einfach gestrickt, auch wenn mir klar ist, dass Paulus als Lehrer des Glaubens Grenzen ziehen muss. Ich muss es schließlich auch; zu meinem Pfarrdienst gehört ebenso die Lehre des Glaubens. Dabei komme ich an Paulus nicht vorbei, der wiederum einen Satz später schreibt, was mir plausibel erscheint: „Denn in Christus lebt die Fülle Gottes in menschlicher Gestalt, und ihr seid durch eure Einheit mit Christus damit erfüllt" (Kolosser 2,9f).

Paulus schreibt seine Briefe, bevor die Evangelien verfasst werden. Er erwähnt keine Jesus-Geschichten, keine Wunder, die Jesus vollbrachte, keine seiner Predigten. Seine Interpretation Jesu ist nicht die einzige, aber eine, die das Christentum stark beeinflusst hat, also auch mich.

Beim Bibellesen bleibe ich manchmal an Sätzen hängen, die ich schon oft gelesen habe. Doch auf einmal tut sich etwas auf, eine Erkenntnis, ein Aha-Erlebnis, eine Einsicht, und sei es jene, dass ich gar nicht recht erfassen kann, was ich da gerade aufgenommen, aber sonst überlesen habe. So zeigt uns beispielsweise der Evangelist Johannes Jesus als einen Mystiker: Judas (nicht Judas Iskariot, sondern der andere Jünger gleichen Namens) fragt Jesus: „‚Herr, warum willst du dich nur uns zu erkennen geben und nicht der ganzen Welt?' Jesus erwiderte: ‚Wer mich liebt, wird tun, was ich sage. Mein Vater wird ihn lieben, und wir werden zu ihm kommen und bei ihm wohnen'" (Johannes 14,22). Heißt doch wohl: Jesus will sich „der ganzen Welt" zu erkennen geben! So habe auch ich freie Bahn zu ihm. Ich muss ihn nur lieben und tun, was er sagt. Wie leicht das klingt. Doch dann wird Gott mich lieben und zu mir kommen und bei mir wohnen – wie schön das klingt. Dafür sollte sich jede Mühe lohnen. Warum zögere ich?

„Richtig!" und „Falsch!" ist richtig falsch

Er lächelt gütig, als er sich für das gelungene Fest der Gemeinde bedankt. Doch die Botschaft, die er noch anhängt, ist unmissverständlich. In seiner Heimat, im hohen Norden, ginge so etwas überhaupt nicht – dass ein Mann, dem man vertrauen soll, braune Schuhe trägt! Keine Frage, welche Farbe meine Schuhe an diesem Abend hatten. Ich fand, sie passten gut zum blauen Anzug. Der Herr, der mich freundlich belehrte, hat eben seine Grundsätze. Sprich: eine klare Vorstellung von richtig und falsch.

Diese Idee haben die Gemeindeglieder oft auch in Glaubensfragen, und ganz frei bin ich selbst davon natürlich auch nicht. Kategorien wie „erlaubt" oder „verboten" hängen in der Regel mit der Gewöhnung zusammen: Haben wir das schon immer so gemacht oder noch nie? Als Menschen, die vom modernen Freiheitsideal geprägt sind, sagen wir schnell: „Das muss jeder für sich selbst entscheiden." Aber diese liberale Haltung entspricht oft genug eher dem Ideal denn der Wirklichkeit. Moderne Glaubenszeugnisse? Ungern gesehen. Englischsprachige Lieder? Die schließen ja viele Senioren aus. Tanz im Gottesdienst? Muss doch nicht sein.

Auch für mich gibt es Ausdrucksformen des Glaubens, die mich ansprechen – oder abschrecken. In der Bibel finden wir ausdrückliche Verdammungen und Verbote. So beauftragt Mose die Leviten, dem Volk Israel mit lauter Stimme zu sagen: „Verflucht ist jeder, der Götzen schnitzt oder gießt und sie heimlich aufstellt. Sie sind das Werk menschlicher Kunst, und der Herr verabscheut sie. Und das ganze Volk soll antworten: So soll es sein" (5. Mose 27,15).

Götzenbilder zu verabscheuen fällt heutzutage leicht, über solch primitive Vorstellungen bin ich selbstredend erhaben. So finde ich den Sarkasmus des Psalmisten amüsant, der sich über die Götter der Heiden lustig macht: „Ihre Götzen sind aus Silber oder Gold, von Menschenhand gemacht. Obwohl sie einen Mund haben, können sie nicht reden, obwohl sie Augen haben, sehen sie doch nicht! Mit ihren Ohren können sie nicht hören, mit ihren Nasen nicht riechen, mit ihren Händen nicht fühlen, mit ihren Füßen nicht gehen und aus ihren Kehlen kommt kein Laut hervor! Und die, die sie gemacht haben, sollen ihnen gleichen, alle, die auf sie vertrauen" (Psalm 115,4-8).

Wie lächerlich, was die gottfernen Völker sich da zusammenbasteln ... Doch bezieht sich das nicht auch auf meine Gottesbilder, auch wenn sie nicht aus Material gefertigt sind, sondern aus Gedanken? Habe ich nicht Gott ebenso in für mich handhabbare Formeln zu pressen versucht?

Gott macht es den Menschen aber auch nicht leicht. Da will man ihm Zuneigung und Ehrerbietung zeigen, scheut keine Kosten und Mühen – aber er lehnt empört ab: „Warum bringt ihr mir so viele Opfer?', spricht der Herr. ‚Ich bin eure Widder als Brandopfer und das Fett des Mastviehs leid. Mir gefällt das Blut eurer Opferstiere, Lämmer und Ziegenböcke nicht'" (Jesaja 1,11). Die vergeistigten Arten des Opfers kommen auch nicht besser weg. „Hört auf mit dem Lärm eures Lobpreises! Eure Anbetungsmusik werde ich mir nicht anhören" (Amos 5,23). Die Kritik der Propheten ist uralt, gilt jedoch bis heute: Denke nicht, du hättest Gott irgendetwas anzubieten, was ihn beeindruckt.

Die Bibel zeigt mir Gott aber auch als einen, der verletzlich sein kann. Als Samuel alt wird, verlangt das Volk nicht nach einem Richter, sondern nach einem König. Der treue Diener ist über dieses Ansinnen verärgert und fragt den Herrn um Rat. Gott antwortet gekränkt: „Sie wollen mich nicht länger als König" (1. Samuel 8,7). Diese Szene bewegt auch mich: Akzeptiere ich Gott als „König" über mein Leben (als denjenigen, der zu bestimmen hat), oder meine ich, mit einem irdischen Machthaber besser zu fahren, am liebsten mit der eigenen Herrschaft über mich selbst?

Aus meinem Studium der Religionswissenschaft ist mir nachdrücklich die Geschichte von den beiden berühmten jüdischen Gelehrten Hillel und Schammai in Erinnerung geblieben, die uns Rabbi Joël Berger erzählte: Ein Goj (ein Nichtjude) wollte Jude werden und bat Schammai um eine Einweisung in die Tora. Diese Glaubensbelehrung sollte allerdings kurz gefasst sein, nämlich nur so lange dauern, wie der Fragende auf einem Bein stehen konnte. Schammai stieß ihn entrüstet weg. Darauf ging der Goj zu Hillel, der ihm erklärte: „Was dir nicht lieb ist, das tue auch deinem Nächsten nicht an. Das ist die ganze Tora, alles andere sind Kommentare. Geh und lern sie!"

Auf die „Goldene Regel" kommt es also an, alles andere sind Auslegungen: Die entscheidende Botschaft ist knapp und jedem einsichtig! Obwohl die jüdische Religion sehr differenziert und traditionsreich ist, konnte Hillel sie mit Mut zur Lücke in einem Leitspruch zusammenfassen. Für das Christentum ist das Paulus und Silas gelungen, von denen in Philippi ein Gefängniswärter wissen will, wie er gerettet werden könne:

Glaube an Jesus, den Herrn, dann wirst du gerettet.
Apostelgeschichte 16,31

Glaube genügt! Alles andere sind Kommentare, Ausführungsbestimmungen, Vorschläge zur Umsetzung: Glaube heißt Vertrauen! An diese Basis möchte ich als Pfarrer meine Gemeinde heranführen. Doch Veränderungen brauchen ewig. Immerhin, Fortschritte sind zu verzeichnen: Ein Jahr, nachdem ihn mir Frau und Tochter zu Weihnachten geschenkt hatten, kommentierte eine Dame nach dem Gottesdienst: „Herr Pastor, an Ihren neuen gelben Schal mussten wir uns ja auch erst gewöhnen!"

Verlieren, um zu finden

„So wie ein Hund zu dem wieder zurückkehrt, was er erbrochen hat, so wiederholt ein Narr seine Dummheit" (Sprüche 26,11). Dieser derbe Sinnspruch, der noch ein zweites Mal in der Bibel vorkommt (im 2. Petrusbrief 2,22), drückt das Unverständnis darüber aus, dass Menschen wider besseres Wissen und trotz bitterer Erfahrung Fehler wiederholen.

So kann ich einige politische Entwicklungen unserer Zeit kaum fassen. Ist nicht offensichtlich genug, dass Nationalismus einem Volk letztlich nur schadet? Dahinter mag der Wunsch nach einer übersichtlichen Weltordnung stehen – was auf unserem Planeten geschieht, ist wirklich chaotisch, verworren und oft genug schwer durchschaubar. Doch steht nicht alles in einem großen Zusammenhang? Kapitalismus, Klimawandel und Migrationsbewegungen sind beispielsweise eng miteinander verknüpft. Manche Zeitgenossen streben da ob der Komplexität nach leicht nachvollziehbaren Lösungen, nach straffer Führung, nach einem „starken Mann".

Ein ähnliches Verhalten kennen wir aus unserer Religion. Die Israeliten, eben noch der Knechtschaft entkommen, maulen in der Wüste, in Ägypten habe es wenigstens reichlich Nahrung gegeben. Die Davongekommenen wären bereit, auf die neu gewonnene Freiheit zu verzichten, um der vermeintlichen Sicherheit willen, die ihnen die Diktatur geboten hat. Da wusste man wenigstens, wo man dran war.

Über diese widersinnigen Gedanken will ich mich gar nicht erheben. Als Theologe kann ich den christlichen Glauben – zumindest für den Hausgebrauch – historisch und systematisch erklären und darlegen. Das ist Kopfsache. Das Herz aber spricht eine eigene Sprache, und das ist zuweilen jene der Angst. Der Kopf ist weit, das Herz eng. Was enger und enger wird und sich immer mehr verdichtet, wird am Ende hart wie Stein. Wie sehne ich mich nach der Verheißung, die Gott uns zusagt:

Und ich werde ihnen ein Herz schenken, in dem Einigkeit herrscht, und werde ihnen einen neuen Geist geben. Ich nehme das Herz aus Stein aus ihrem Körper und gebe ihnen stattdessen ein Herz aus Fleisch, damit sie sich an mein Gesetz halten und meine Gebote beachten und befolgen. Dann werden sie wirklich mein Volk sein, und ich werde ihr Gott sein.

Hesekiel 11,19f

Mein Herz aus Stein macht mich zum Fundamentalisten. Der weiß, wie Gott ist und was er will. Der kann genau zwischen Gut und Böse unterscheiden. Der teilt den Glauben in Richtig und Falsch ein. Dieses Denken meine ich zwar schon lange überwunden zu haben. Aber tief in mir gibt es den Wunsch nach einfachen Antworten und klaren Verhältnissen. Wird mir das bewusst, erkenne ich in mir den Hund, der zu seinem Erbrochenen zurückkehrt – und es sogar wieder frisst ...

Jesus sagt zu seinen Jüngern: „Ich nenne euch nicht mehr Diener, weil ein Herr seine Diener nicht ins Vertrauen zieht. Ihr seid jetzt meine Freunde, denn ich habe euch alles gesagt, was ich von meinem Vater gehört habe" (Johannes 15,15). Was ist leichter: Diener zu sein oder Freund? Wer gehorcht und folgt wie ein Diener, muss immerhin weniger Verantwortung übernehmen als ein Vertrauter. Freund zu sein fordert ganz anders. Jesus fordert.

In meinem Studium der vergleichenden Religionswissenschaft galt es nicht als opportun, sich als glaubender Mensch zu outen. Das Ideal war der objektive Blick des Gelehrten; dieser sei bei Glaubenden getrübt, wurde stillschweigend unterstellt. Wohin aber mit dem Subjektiven? Ein Kommilitone und ich, die wir uns gegenseitig als Christen erkannt hatten, planten (wenn auch im Scherz) die Arbeitsgemeinschaft der „Anonymen Beter" zu gründen. Wir hatten bei unserer notwendig sachlichen Befassung mit der Religion erkannt: Bei vielen Menschen existiert das verschämte Bedürfnis nach Gott. Zumindest bei uns.

Vieles von dem, was mir in Elternhaus, Gemeinde, Kirche und Theologie über Gott beigebracht wurde, hilft aber nicht, dieses Bedürfnis zu stillen. Es steht der Begegnung mit Gott eher entgegen. Mit etwa fünfundzwanzig Jahren notierte ich mir selbst die Frage, formuliert als Gebet: „Gott, muss ich denn den mühsam erlernten Glauben erst verlieren, um dich zu finden?" Heute, mehr als doppelt so alt, kann ich nur mit Ja antworten.

Nicht, weil früher alles falsch gewesen wäre. Ich habe auch viel Wertvolles gelernt, vor allem wurde der Gottesdurst in mir entfacht. Doch ein geschlossenes Glaubenssystem macht Gott klein. Gott braucht unendliche Weite. Ich allerdings brauche Halt und Übersicht. Deswegen taste ich mich Schritt für Schritt voran.

„Das Himmelreich ist wie ein Schatz, den ein Mann in einem Feld verborgen fand. In seiner Aufregung versteckte er ihn wieder und verkaufte alles, was er besaß, um genug Geld zu beschaffen, damit er das Feld kaufen konnte – und mit ihm den Schatz zu erwerben!" (Matthäus 13,44). Mit diesem Gleichnis steht mir ein Bild für den Prozess meiner Glaubensentwicklung zur Verfügung. Der Schatz: Ich habe Gott bereits gefunden. Doch nun muss ich mutig Stück für Stück alles „verkaufen", was ich über Gott glaube, was ich an Glaubensgewissheiten besitze, damit ich am Ende den tatsächlichen Schatz erwerben kann.

Ob mein Mut dazu reicht? Ich zähle auf das Wort meines Freundes Jesus: „Denn wer bittet, wird erhalten. Wer sucht, wird finden. Und die Tür wird jedem geöffnet, der anklopft" (Matthäus 7,8).

Ich bitte. Ich suche. Ich klopfe an.

Kapitel III

*Der Herr sei dir besonders nahe
und gebe dir seinen Frieden.*

4. Mose 6,26

Seelennahrung

In meiner Tübinger Zeit diskutierte ich gern und heiß mit einem Kommilitonen. Wir beide studierten katholische Theologie und Vergleichende Religionswissenschaft. Er ist heute Hochschulseelsorger mit dem Schwerpunkt Meditation („gefühlt" ist das, was er da macht, ziemlich buddhistisch); ich wurde evangelischer Pfarrer. Damals stritten wir engagiert darüber, wie viel ein Glaubender „investieren" muss, damit er das Ziel erreicht: Kontakt mit dem Absoluten. Mir schien die strenge Disziplin, die dem Meditierenden abverlangt wird, irgendwie unsozial zu sein: Das können doch nicht alle! Bestimmte Sitzpositionen, stundenlanges Verweilen und Schweigen, geistige Übungen mit dem Ziel, dem Geist seine Grenzen aufzuzeigen. Der Freund vertrat die Haltung: Ohne vollen Einsatz kein Gewinn. Ich stellte mich schützend vor jene, die das überfordert und die sich spirituell durchwursteln ... – wahrscheinlich, weil ich selbst zu jener Masse gehöre, die zur notwendigen Zucht nicht fähig ist.

Heute können mein Freund und ich über solcherlei Auseinandersetzungen nur schmunzeln. Wir sehen eher die Gemeinsamkeit: Wunsch und Willen, ein spirituelles Leben zu führen. „Spiritus" bedeutet: „Geist". Für mich als „Geistlichen" sollte das selbstverständlich sein, aber wie wunderte ich mich, als mir Geschwister im Amt bedeuteten, „geistlich" klinge irgendwie abgehoben, nach Frömmelei, Klerikalismus, nach Leuten, die stets Bibelverse auf den Lippen führen und gütig lächeln, aber nicht imstande sind, kompetente Entscheidungen zu treffen. Diese Interpretation bestürzte mich. Zwischen

„geistlich" (also spirituell) und „vergeistigt" (lieb, aber weltfremd) liegen doch Galaxien! Wie kommt man dazu, „spirituell" despektierlich als hohl, schamanisch, schwadronierend zu interpretieren? Es geht doch darum, vom Geist Gottes geprägt zu sein. „Der Herr entscheidet nicht nach den Maßstäben der Menschen! Der Mensch urteilt nach dem, was er sieht, doch der Herr sieht ins Herz" (1. Samuel 16,7).

Ohne Spiritualität würde meine Seele verdursten. Dabei lasse ich noch viel zu viele Gelegenheiten verstreichen, mich spirituell zu nähren. Um auf dem mystischen Weg Fortschritte zu erreichen, braucht es Eifer. Richtig hervorragend in einer Sportart zu sein, erfordert tägliches Training. Wer ein Musikinstrument beherrschen möchte, übt jeden Tag. Um sich in einer Fremdsprache ausdrücken zu können wie in der Muttersprache, muss man sie möglichst oft sprechen und schreiben. Wer in einer Sache richtig gut werden will, bringt dafür Opfer und verzichtet auf manches, was er in dieser Zeit sonst hätte tun können. Wer Gott nahe kommen möchte, begibt sich dafür in die Nähe Gottes.

Bleibt in mir, und ich werde in euch bleiben. Denn eine Rebe kann keine Frucht tragen, wenn sie vom Weinstock abgetrennt wird, und auch ihr könnt nicht, wenn ihr von mir getrennt seid, Frucht hervorbringen.

Johannes 15,4

Ich will eine Rebe am Weinstock sein! Ich wünsche, dass Gott in mir bleibt, und dafür habe ich in ihm zu bleiben. „Ich lege meinen Geist in deine Hände" (Psalm 31,6) – diese knappe Formulierung bringt es auf den Punkt. Mein Geist ist in Gottes Händen bestens aufgehoben; sie halten ihn behutsam und doch fest. Dass ich meinen Geist in Gottes Hände lege, ist ein Akt der Freiheit, niemand zwingt mich dazu. Ich tue es aus der tiefen Einsicht, dass es keinen besseren Ort für meinen Geist gibt. Aus diesem Bewusstsein zu leben, das heißt für mich, spirituell zu sein.

Aussehen kann das dann sehr verschieden: Gebet und Gesang, Lektüre der Bibel, Schweigen – all das sind erprobte Mittel der Christenheit. Gottesdienst, Rosenkranz, Anbetung, Verehrung von Ikonen – das Buffet christlicher Spiritualität ist reich gedeckt. Meditation, Wandern, Malen, Tanzen, Zärtlichkeit, Nächstenliebe – die Wege, die vom Menschen zu Gott führen und umgekehrt, sind Legion. Spirituell sein: anerkennen, dass mein „Sprit", meine Energie, von Gott kommt, nicht aus mir selbst.

„Sprit tanken" kann ich, wenn ich mich bemühe, so gut es geht, ins Stundengebet einzuschwingen; dann bete ich mehrmals am Tag die Psalmen, auch wenn der Rhythmus der Nonnen und Mönche mit meinem Alltag kaum harmoniert. Ich tue, was ich kann.

Ich probiere aus. Und lasse mich doch so leicht ablenken und abbringen vom geistlichen Weg! Es gibt keinen Tag, an dem ich nichts esse und trinke, aber Tage, an denen ich meine Seele nicht nähre, sondern darben lasse. Sie wird dann mürrisch, ungeduldig, schlecht gelaunt, anfällig für allerlei Unsinn. Dann lechze ich wieder nach Sättigung, vor allem durch das Sakrament – Jesus spricht: „Wenn ihr das Fleisch des Menschensohnes nicht esst und sein Blut nicht trinkt, könnt ihr das ewige Leben nicht in euch haben. Wer aber mein Fleisch isst und mein Blut trinkt, hat das ewige Leben, und ich werde ihn am letzten Tag auferwecken. Denn mein Fleisch ist die wahre Nahrung und mein Blut der wahre Trank. Wer mein Fleisch isst und mein Blut trinkt, bleibt in mir und ich in ihm.

Ich lebe durch die Macht des lebendigen Vaters, der mich gesandt hat, und ebenso werden alle, die an mir teilhaben, durch mich leben" (Johannes 6,53-57).

Spirituell leben, heißt für mich offen sein für Gottes Geist – seinen Heiligen Geist, der auch mich heiligt. Wie Adam möge der Herr auch mir seinen Lebensatem einhauchen, sonst bleibe ich doch – allem schönen Schein zum Trotz – ein toter Klumpen Erde.

Tempelreinigung

Als in der Karwoche 2019 Notre Dame in Paris brannte, entsetzte das auch Menschen, die keine Kirchgänger oder überhaupt Christen sind. Die meisten wollen nicht „in einer Welt ohne Kathedralen leben", wie der Schriftsteller Pascal Mercier in seinem Bestseller „Nachtzug nach Lissabon" schreibt. Die Gebäude dürfen an die christliche Geschichte erinnern. Auch Weihnachten und Ostern erfahren bisher eine gewisse Aufmerksamkeit als besondere Tage. Aus Familientradition werden noch viele Kinder getauft und Tote kirchlich begraben. Aber sonst möge die Kirche bitteschön unauffällig dahindämmern und sich nicht anmaßen, in das Leben aufgeklärter Individuen eingreifen zu wollen. Denn das Christentum gilt heutzutage als unmodern, langweilig, die Freiheit einschränkend, kurz: überflüssig.

So bedauerlich das ist: Über die Jahrtausende wurden Kirchen immer wieder ein Raub des Feuers, Opfer von kriegerischer Gewalt oder Naturkatastrophen. Manche stürzten von selbst ein oder wurden abgerissen, um neuen Gebäuden Platz zu machen. Ganz zu schweigen von den Anbauten und Umgestaltungen des ursprünglichen Baustils. Es gab Bewegung und Veränderung – und das gilt ja auch im übertragenen Sinne für das Erscheinungsbild der Kirche als Institution der Glaubenden. Manches, was unumstößlich schien, verblasst, verdunstet, vergeht. Alles verändert sich, und den Christinnen und Christen sollte nicht in erster Linie an der Aufrechterhaltung des Status quo gelegen sein, sondern an einer zeitgemäßen Form, die Frohe Botschaft zu verkünden. Dafür muss auch Altes weichen, das sich überlebt hat.

Es braucht aber die Kirchen, also Häuser, die wir für Gott reservieren, in denen die Glaubenden zusammenkommen und Gemeinschaft erfahren, mit Gott und untereinander. Kirchen können Sinnbilder der Präsenz Gottes sein. Als Urbild der Wohnstatt Gottes auf der Erde gilt der Tempel in Jerusalem. In seinem Allerheiligsten ist Gott anwesend. Daher die Sehnsucht des Beters David in Psalm 27: „Eine einzige Bitte habe ich an den Herrn: Ich sehne mich danach, solange ich lebe, im Haus des Herrn zu sein, um seine Freundlichkeit zu sehen und in seinem Tempel still zu werden" (Psalm 27,4).

Auch ich brauche Kirchen als meine Tempel, Stätten der inneren Einkehr. Nichts lenkt ab, es geht dort anders zu als in meinem Leben draußen in der Welt. Die Kirche als Schutzraum. Doch ich nehme mich selbst mit, auch in die Kirche. Die Stabilität der Bauwerke steht in krassem Gegensatz zu meiner eigenen Instabilität. Ob prächtiger Dom, historische Kapelle, der hübsch-hässliche Andachtsraum im Gemeindezentrum der Vorstadt oder in der Klinik, mir sind solche Orte, die der Gottesbegegnung vorbehalten sind, wichtig.

Ganz am Ende, außerhalb von Ort und Zeit, spielt der Tempel einmal keine Rolle mehr. In der Offenbarung vom himmlischen Jerusalem lese ich: „Kein Tempel war in der Stadt zu sehen, denn der Herr, Gott, der Allmächtige, und das Lamm sind ihr Tempel" (Offenbarung 21,22). Wenn „Himmel" bedeutet: „Hier ist Gott" – dann braucht es dort keinen besonderen Ort mehr, denn Gott ist überall. Eigentlich ist das jetzt schon so. Dass Gott in Tempeln, Kirchen, Synagogen, Moscheen, in den von Menschen errichteten Heiligtümern „näher" sei als sonstwo, das passt nicht zu meiner mystischen Erkenntnis. Aber *ich selbst* bin im Hause Gottes offener, konzentrierter, eher geneigt, mich dem zuzuwenden, was ich suche. „Suchet meine Nähe", spricht Gott, und ich antworte mit dem Bibelvers: „Herr, dich suche ich" (Psalm 27,8). Die Frage ist: Wo suche ich?

Ich lebe, aber nicht mehr ich selbst, sondern Christus lebt in mir. Ich lebe also mein Leben in diesem irdischen Körper im Glauben an den Sohn Gottes, der mich geliebt und sich selbst für mich geopfert hat.

Galater 2,20

Wenn ich gewahr werde, wie wahr das Wort des Paulus ist: „Christus lebt in mir!" – dann bin ich selbst ein Tempel des Herrn! Dann finde ich Gott in mir. Ruhe, Stille, Besinnung lassen mich erkennen, dass bereits da ist, was ich erflehe: Gottes Gegenwart. Allerdings tragen wir „diesen kostbaren Schatz [...] in zerbrechlichen Gefäßen, nämlich in unseren schwachen Körpern. So kann jeder sehen, dass unsere Kraft ganz von Gott kommt und nicht unsere eigene ist" (2. Korinther 4,7). Mein Körper ist schwach, mein Geist noch mehr, vom Willen ganz zu schweigen: Ein Allerheiligstes bin ich kaum für Gott! So mahnt der Apostel Paulus ja auch eindrücklich, mit dem Leib sorgsam umzugehen und insbesondere sexuell unangebrachtes Verhalten zu meiden: „Oder wisst ihr nicht, dass euer Leib ein Tempel des Heiligen Geistes in euch ist, der in euch lebt und euch von Gott geschenkt wurde?" (1. Korinther 6,19).

Wie gerne mache ich mir was vor! Will auf dem Weg der Mystik voranschreiten, meine aber, das sei möglich, ohne allzuviel in meinem Leben zu ändern. Der Verstand sagt es mir deutlich: Ohne spürbare Eingriffe in meine Praxis von Konsum, Zeitverschwendung, Ablenkung, Ablästern, Lüge –

sprich: dem Weg der Sünde – komme ich nicht vom Fleck. Es braucht Übung im Verzicht, in Opfer und Demut, in Schweigen, Betrachtung und Gebet. Ich flehe, Jesus möge wie damals in Jerusalem auch meinen Tempel wütend betreten, die Tische umstoßen und mich anfahren, dass es mir durch Mark und Bein geht: „In der Schrift heißt es: ‚Mein Haus soll ein Ort des Gebets für alle Völker sein‘, aber ihr habt eine Räuberhöhle daraus gemacht" (Markus 11,17).

Seufzen tut gut

"Halte die Leute zum Beten an", bat mich der Pfarrer kurz vor Beginn des Gottesdienstes; er hatte mich zum Predigen eingeladen. Das Thema war eigentlich die Erscheinung des Herrn (Epiphanias oder, wie man im Rheinland lieber sagt, das Fest der Heiligen Drei Könige). Ich flocht das Beten mit ein, doch mit einem gewissen Unbehagen. Natürlich ist das Gebet die Grundnahrung des Glaubens; ohne Gebet läuft nichts. Doch es schien mir zu kurz zu greifen, ganz allgemein zu fordern: „Leute, betet mehr!" Der französische Schriftsteller Antoine de Saint-Exupéry sagte ja einmal so schön, wer mit Männern ein Schiff bauen wolle, müsse in ihnen zunächst die Sehnsucht nach dem Meer wecken. Das Gebet ist das Medium, nicht das Ziel. Es geht um Gott, dem wir uns durch das Gebet annähern können.

Doch wie viel Nähe will ich eigentlich? Mose stellt seinem Volk stolz eine rhetorische Frage: „Welchem anderen großen Volk ist sein Gott so nahe wie der Herr, unser Gott, uns nahe ist, wenn wir zu ihm rufen?" (5. Mose 4,7). – Wenn ich zu ihm rufe, ist er mir nahe. Warum also rufe ich nicht? Will ich ihn auf Distanz halten? Ist mir seine Nähe zu intensiv?

Ich betete zum Herrn, und er antwortete mir und befreite mich von allen meinen Ängsten.
Psalm 34,5

Das ist das Geheimnis des Betens: Es nimmt die Angst. Wenn ich nämlich bete, spreche ich ein Du an, dem ich alles sagen kann – und bin nicht mehr allein. Bitte, Fürbitte, Dank und Jubel, Klage, Anklage, Hingabe ... – es gibt nichts, was ich nicht beten kann. Nichts ist zu gering oder zu kompliziert, zu banal oder zu schlimm, dass ich es nicht vor Gott zur Sprache bringen könnte. Welch riesengroße Entlastung! Menschen (selbst solchen, die mir nahestehen) kann ich nicht alles sagen, aus Scham, aus Furcht, aus welchen Gründen auch immer. Gott kann ich alles sagen!

Und doch ist mein Beten oft nur ein wirres Stammeln. So danke ich Paulus, der das wohl auch kennt und feststellt: „Der Heilige Geist hilft uns in unserer Schwäche. Denn wir wissen ja nicht einmal, worum oder wie wir beten sollen. Doch der Heilige Geist betet für uns mit einem Seufzen, das sich nicht in Worte fassen lässt" (Römer 8,26). Das ist biblische Poesie, das ist Mystik in Reinform: das Seufzen, das sich nicht in Worte fassen lässt.

Aus Sorge, wie seltsam das klingen mag, was ich da vor Gott ausseufze, flüchte ich mich doch immer wieder ins geschraubte Formulieren; dann entstehen geradezu komische Formulierungen, etwa wenn ich Gott Vorschläge mache, wie man ein Problem lösen könnte: „Lass mich doch erkennen, dass ..."

Nicht unkompliziert verhält sich es tatsächlich mit vorgefertigten Texten, den Psalmen beispielsweise, oder liturgischen Gebeten. Als privater Georg Schwikart kann ich auch mitten im Beten sagen: „Gott, es fällt mir schwer, mit diesen Worten zu dir zu sprechen." In meiner Funktion als Pfarrer nehme ich mich zurück, da geht es schließlich nicht darum, was ich persönlich von jedem einzelnen Wort halte. Es ist meine Aufgabe, eine Sprache für das „öffentliche" Beten zu finden, die möglichst viele anspricht und mitnimmt; schließlich sollen es alle mit dem „Amen" bestätigen.

Manchmal erliege ich der Versuchung, Gebete, gefügte Formeln auszuschmücken und zu erweitern, mit sprachlichen Ornamenten zu versehen und pädagogisch aufzublähen. Dabei soll es doch kurz und knapp sein. Der Herr selbst gibt mir konkrete Anweisungen: „Wenn ihr betet, seid nicht wie die Heuchler, die mit Vorliebe in aller Öffentlichkeit an den Straßenecken und in den Synagogen beten, wo jeder sie sehen kann. Ich versichere euch: Das ist der einzige Lohn, den sie jemals erhalten werden. Wenn du betest, geh an einen Ort, wo du allein bist, schließ die Tür hinter dir und bete in der Stille zu deinem Vater. Dann wird dich dein Vater, der alle Geheimnisse kennt, belohnen. Plappert nicht vor euch hin, wenn ihr betet, wie es die Menschen tun, die Gott nicht kennen. Sie glauben, dass ihre Gebete erhört werden, wenn sie die Worte nur oft genug wiederholen. Seid nicht wie sie, denn euer Vater weiß genau, was ihr braucht, noch bevor ihr ihn darum bittet!" (Matthäus 6,5-8).

Immer wieder treten Menschen mit dem Anliegen an mich heran, ich möge für sie beten. Eigentlich können sie das selbst, aber manchmal geht es eben doch nicht. Dann braucht man einen, der solidarisch betet. Ich mache das gern – und mir tut es wohl, zu wissen, dass andere für mich beten. Es reicht, den Namen eines Menschen vor Gott zu tragen; der Name steht für ihn.

Einmal kam ein älterer Herr von schlichtem Gemüt zu mir und bat um die Taufe. Was ihn zu diesem Ansinnen bewogen hatte, konnte er nicht recht in Worte fassen. „Beten Sie denn?", fragte ich ihn. Und mit großen Augen antwortete er: „Jesus, du bist der Heiland! Amen." Ausgezeichnet, damit ist alles gesagt.

Dem modernen Zeitgenossen ist das Beten suspekt. Man wertet es als Autosuggestion ab. Wer aber betet, den bewegt die

Erfahrung, dass es einen Widerhall gibt, dass das Gebet nicht ins Leere entschwindet, sondern ankommt.

Beten ist mein Thema; eines von den vielen, mit denen ich nie fertig werde. Mein erstes Buch, „Du hast mich betört", 1988 erschienen, drehte sich um den Appell des Paulus: „Hört nicht auf zu beten" (1. Thessalonicher 5,17). In der Einheitsübersetzung lautet der Satz: „Betet ohne Unterlass!" Manches würde ich heute anders ausdrücken, doch in der Grundtendenz sehe ich es noch genauso: Zum Beten eignet sich jeder Ort, jede Zeit, jede Form, jedes Thema. Meistens bringen mich die Worte allerdings nicht weiter, sondern das Seufzen – und das Schweigen.

Wirklichkeit: Manchmal drohe ich an meinen nicht gebeteten Gebeten zu ersticken.

Vision: Mein Leben möge zu einem einzigen Gebet ohne Ende werden ... Man darf sich ja etwas vornehmen!

Erfüllte Stille

Die Nonnen, bei denen ich ein paar Tage der Besinnung verbringe, sinken beim Gesang des Chorgebets gegenüber den Kantorinnen immer um ein bis zwei Töne ab. Aber sie schweigen ganz hervorragend! Schweigen bedeutet mehr, als dass niemand etwas sagt. Das Schweigen der Schwestern ist erfüllt, ein Dasein vor Gott, das keiner Worte bedarf.

Das Schweigen, weil es nichts zu sagen gibt (etwa im Wartezimmer eines Arztes), unterscheidet sich vom angespannten Schweigen bei einer schriftlichen Prüfung oder dem peinlichen Schweigen, wenn etwas Unangenehmes geschieht, aber keiner den Mund aufmacht.

Varianten des Schweigens kennt auch Hiob. Er, der mit Gott hadert, muss sich von seinen Freunden Vorwürfe anhören. Hiob kontert Elifas: „Alles, was ich will, ist eine Antwort – dann werde ich schweigen" (Hiob 6,24). Jenen, die ihm unpassende Ratschläge erteilen, gibt er selbst einen: „Ihr solltet besser schweigen, das könnte man euch noch als Weisheit anrechnen!" (Hiob 13,5).

Schweigen ist nicht gleich Schweigen. Manches muss raus, da ist Stille der falsche Weg; manches muss gesagt werden. Aber in der Regel spreche ich viel zu viel. Deswegen heißt meine Übung: Schweigen! Das Schweigen ist ein Weg zu Gott:

Sei ruhig in der Gegenwart des Herrn.
Psalm 37,7

Gott zeigt sich mal mit Getöse, mal ganz sanft im Schweigen. So bei Elia, der Gott erwartet: „Zuerst kam ein heftiger Sturm, der die Berge teilte und die Felsen zerschlug, vor dem Herrn her. Doch der Herr war nicht im Sturm. Nach dem Sturm bebte die Erde, doch der Herr war nicht im Erdbeben. Und nach dem Erdbeben kam ein Feuer, doch der Herr war nicht im Feuer. Und nach dem Feuer ertönte ein leises Säuseln" (1. Könige 19,11f). Martin Buber übersetzt an dieser Stelle: „eine Stimme verschwebenden Schweigens".

Als Gymnasiast habe ich einmal meinen Deutschlehrer entzückt, weil ich in einer Klassenarbeit Gertrud von Le Fort zitierte: „Schweigen ist die Sprache der Ewigkeit. Lärm geht vorüber." Ich hatte den Spruch von einer Maria-Laach-Karte aufgeschnappt, die bei uns zu Hause am Pinnbrett hing. In voller Tragweite konnte ich diese Weisheit als Jugendlicher nicht erfassen, doch muss sie mich berührt haben. Dabei suche ich wie die Masse der Menschheit öfter den Lärm als das Schweigen, als hätte ich vor die Zimmertür ein Schild mit der Aufschrift „Bitte stören!" gehängt. Medien aller Art gewähren mir andauernde Beschallung.

Gut tun würde mir, zu schweigen. Halte ich aber die Klappe und falte die Hände, so spüre ich die Irrsale und Wirrsale meiner Innenwelt, die Unruhe bricht hervor und bringt mich ganz durcheinander. Deswegen braucht Stillehalten Übung. Ich suche das Schweigen, weil es mir so schwer fällt. Stelle mir die Eieruhr auf eine halbe Stunde. Spüre mit jeder Minute, wie wohl es in mir wirkt. Das Chaos in Kopf, Herz und Bauch lenke ich durch einfache Sätze wie „Jesus Christus, erbarme dich meiner" in geordnete Bahnen. Oder ich sage einfach nur: „Du". Die Seele beruhigt sich wie ein aufgewühltes Meer, wenn der Sturm nachlässt.

Bei den Quäkern habe ich Andachten erlebt, die aus einer Stunde Schweigen bestehen – nicht in dem Sinne, dass da nichts passiert, sondern dass Gott Raum gegeben wird. Beeindruckend! Bei mir kommt er wohl oft genug vor lauter Liedern, Lesungen, Gebeten und Predigten selbst nicht zu Wort. Wenn ich Gott um sein Wort bitte, muss ich ihm auch Gelegenheit dazu geben. Dafür muss ich schweigen und hören. „Höre, mein Sohn, auf die Lehren des Meisters, neige das Ohr deines Herzens", beginnt der heilige Benedikt seine Regel.

Als Liturg lasse ich im Gottesdienst einen Moment des Schweigens vor dem Vaterunser. Die Gemeinde musste sich erst daran gewöhnen, schätzt nun aber diesen Augenblick der Konzentration. Übrigens gilt das genauso für die Grundschülerinnen und Grundschüler in der Schulandacht, mit denen ich ein paar Sekunden still bin. Anfangs gab's Gekichere, nun schließen die Kinder andächtig die Augen – der wertvollste Augenblick in unserer Feier. Das Schweigen verbindet uns mehr als die Worte, vereint uns untereinander und mit Gott.

Gespräch zweier Mystiker: Der eine sagt nichts, der andere schweigt. Sie verstehen einander blendend. – Schweigen, das ist jedem möglich, auch wenn es nicht immer leicht fällt. Schweigen ist nicht hierarchisch: Es können nicht alle gleich gut singen oder reden, aber gleich gut schweigen schon. Ohne zu schweigen, kann ich nicht vernehmen, was für mich bestimmt ist. Der mystische Weg läuft übers Schweigen. So will ich meinen Beitrag zur Erfüllung der Anweisung leisten, die ich bei Sacharja finde: „Die ganze Menschheit soll vor dem Herrn schweigen, denn er tritt aus seiner heiligen Wohnstätte hervor" (Sacharja 2,17). Die Stille, die ich mir gönne, stillt mich. Davids Psalm scheut sich nicht vor diesem Vergleich: „Ich bin ganz still und geborgen, wie ein Kind bei seiner Mutter. Ja, wie ein Kind, so ist meine Seele in mir" (Psalm 131,2).

Hören, gehören, gehorchen

Von einer Reise nach Südafrika und in den Libanon heimgekommen, empfand unsere Tochter hier alles als „sehr deutsch", im Gegensatz zum improvisierten Lebensstil der von ihr bereisten Länder. Sie gab allerdings zu, dass das regulierte Dasein zu Hause auch seine Vorteile habe. Bei uns unterliegt ja alles irgendwelchen Vorschriften, ob es nun um Steuern, das Parken, um Lichtschalter oder die Ernährung in Kindertagesstätten geht. Das kann lästig sein, aber auch hilfreich.

Die Welt der Religion kennt ebenso zahlreiche Regelungen. Das katholische Kirchenrecht hat für alle möglichen und unmöglichen Fälle vorgesorgt; die Kirchenordnung der Evangelischen Kirche im Rheinland ist zwar nur einen Bruchteil so umfangreich, möchte aber auch einen Rahmen für das gesamte kirchliche Leben vorgeben. Wir haben außerdem noch Gottesdienstordnungen, Dienstordnungen, Nutzungsordnungen, eine Amtstrachtverordnung und so weiter. Ohne Ordnung gibt es eben Unordnung, und die macht das Leben anstrengend.

Die Bibel ist auch voller Ordnungen, Gebote und Gesetze, und natürlich beanspruchen alle ihre Autorität durch Gott. So heißt es zum Beispiel im 3. Buch Mose (und das bietet davon reichlich mehr), der Herr selbst verbiete gehandicapten Menschen, ihm als Priester zu dienen: „Keiner deiner Nachkommen, der eine Behinderung hat, darf mir Opfer darbringen. Denn niemand, der eine Behinderung hat, darf sich mir nähern: keiner, der blind oder lahm ist, dessen Gesicht entstellt ist oder der sonst eine Missbildung hat. Keiner, der einen gebrochenen Fuß, eine gebrochene Hand oder einen Buckel hat oder unter Muskelschwund leidet. Keiner, der einen weißen Fleck im Auge, irgendeine Hautkrankheit oder verletzte Hoden hat. Kein Nachkomme des Priesters Aaron, der irgendeine Behinderung hat, darf dem Herrn Opfer darbringen. Weil er einen körperlichen Makel hat, darf er seinem Gott keine Opfer bringen" (3. Mose 21,17-21).

Muss ich diesen Vorstellungen folgen? Ich setze auf Inklusion, da sind diese ausschließenden Kriterien mehr als befremdlich! Kann es sein, dass Gott zwischenzeitlich seine Meinung geändert hat? Oder haben die biblischen Autoren nur die Reinheitsideale ihrer Zeit mit göttlicher Vollmacht ausgestattet? Was man alles darf und was nicht, wird in der Heiligen Schrift ausführlich und detailliert aufgezählt und beschrieben. Jesus hat sich mit den religiösen Anführern seiner Zeit gestritten und ihnen vorgeworfen: „... ihr ladet den Menschen unerfüllbare religiöse Forderungen auf, tut aber nicht das Geringste, um ihnen diese Last zu erleichtern" (Lukas 11,46).

Ein wichtiges Thema waren damals Speisevorschriften; sie mögen ursprünglich auch einen hygienischen Aspekt berücksichtigt haben, wirkten sich aber vor allem in sozialer Hinsicht aus, nach dem Motto: Dies und das essen wir nicht, denn das essen die Heiden, also diejenigen, die zum wahren Gott keinen Zugang haben. Von denen wollen wir uns unterscheiden und abgrenzen. – Mit Heiden durfte man keinen Kontakt pflegen, ihnen nicht die Hand geben, nicht ihre Häuser betreten, schon gar nicht mit ihnen gemeinsam Mahl halten. Welch kommunikativen Prozess in dieser Hinsicht das frühe Christentum bewältigt hat, macht Petrus deutlich, der erste der Apostel; er betritt ein heidnisches Haus und gibt die Devise für den neuen Weg der Jesus-Nachfolgenden aus: „Ihr wisst, dass es mir nach jüdischem Gesetz verboten ist, mit einem Angehörigen eines fremden Volkes zusammenzukommen oder ein nichtjüdisches

Haus wie dieses zu betreten. Aber Gott hat mir gezeigt, dass ich niemanden für unrein halten darf" (Apostelgeschichte 10,28). – Die Geschichte, die dieser Erkenntnis vorausgeht, kann man als eine „Bekehrung des Petrus" verstehen; der braucht nämliche mehrere Visionen, eine Stimme, die zu ihm spricht und den Heiligen Geist, bis er den Auftrag ernst- und annehmen kann, den Heiden Kornelius zu besuchen.

Paulus ist inhaltlich zum gleichen Schluss gekommen wie Petrus. Doch wie es seine Art ist, will er alle mitnehmen, die Konservativen – und die Fortschrittlichen, die die neue Freiheit radikal ernst nehmen. So laviert er geschickt in diesem kniffligen Themenbereich: „Während der eine zum Beispiel glaubt, man dürfe alles essen, verzichtet ein anderer auf Fleisch, weil sein Gewissen es ihm verbietet. Wer meint, er dürfe alles essen, soll nicht auf den herabsehen, der nicht alles isst. Und wer bestimmte Speisen meidet, soll den nicht verurteilen, der alles isst, denn Gott hat ihn angenommen. [...] Genauso ist es bei dem, der bestimmte Tage für heiliger erachtet als andere, während für einen anderen dagegen alle Tage gleich zählen. Entscheidend ist aber, dass jeder von dem überzeugt ist, was er denkt! Wer einen besonderen Tag auswählt, um den Herrn anzubeten, will ihn damit ehren. Und wer ohne Ausnahme alles isst, tut das zur Ehre des Herrn, denn er dankt Gott für das Essen. Und der, der nicht alles isst, will ebenfalls dem Herrn damit Freude machen und ihm danken" (Römer 14,2f.5f).

Sind das nicht alles müßige Betrachtungen der Vergangenheit? Oder gibt es nicht doch bis heute den Wunsch, sich durch sichtbare Symbole der Religion abzugrenzen, auch abzuheben? Ich möchte daraus lernen, dass es für Gott gleichgültig ist, wann ich ihn anbete und was ich wann konsumiere. Ich darf freitags Wurst verspeisen und in der Fastenzeit Wein trinken, für den Herrn selbst ist das unerheblich ..., nicht aber für meine Mitchristen. Auch nicht für mich selbst.

Ich muss mir ab und zu selbst beweisen, dass ich nicht abhängig bin, etwa vom Alkoholgenuss oder Medienkonsum. Das geht nur durch Verzicht. Was nach Einschränkung aussieht, schafft Freiräume, eröffnet neue Perspektiven, setzt Energie frei ..., tut gut! Konzentration kann eine Motivation für das Fasten sein.

Paulus schreibt: „Ihr versucht, Gott zu gefallen, indem ihr an bestimmten Tagen, Monaten, Jahreszeiten oder Festen gewisse Dinge tut oder unterlasst" (Galater 4,10). Manchmal verlangen Menschen nach Regeln, Gesetzen, Ordnungen, und sei es Brauchtum, an das man sich halten kann! Ich kenne das von mir selbst: So ein Korsett gibt Halt, Freiheit kann anstrengend sein, wenn ich alles selbst entscheiden muss. Paulus macht jedoch in seiner ganzen Verkündigung deutlich, dass das alles gar nichts bringt, wenn ich (und sei es nur unbewusst) erhoffe, dadurch ein Verdienst zu erwerben. Das widerspricht absolut dem Konzept der Gnade. Mein ökonomisches Heilsdenken führt von Gott weg. Die Opfer, die ich bringe – an Zeit, Einsatz, Geld – sind nicht verrechnungsfähig.

In Phasen religiöser Euphorie bin auch ich anfällig für Extreme, bin bereit, Gott allerhand zu versprechen. Da bremst mich der Apostel aus:

„Lasst euch deshalb von niemandem verurteilen, nur weil ihr bestimmte Dinge esst oder trinkt oder weil ihr bestimmte Feiertage, religiöse Feste oder Sabbate haltet oder nicht haltet. Denn diese sind nur ein Schatten des Zukünftigen. Die Wirklichkeit aber ist Christus selbst. [...] Ihr seid mit Christus gestorben, und er hat euch aus den Händen der Mächte dieser Welt befreit. Warum folgt ihr dann noch weltlichen Regeln wie: ‚Damit sollst du nichts zu tun haben, das sollst du nicht essen, dies nicht anfassen.' Solche Regeln sind nichts als menschliche Vorschriften für Dinge, die doch nur dazu da sind, von uns benutzt und verbraucht zu werden. Sie mögen weise wirken, weil sie Hingabe, Demut und strenge körperliche Disziplin verlangen. Aber sie sind ohne Wert und dienen nur menschlichen Zielen" (Kolosser 2,16f.20-23).

Als ich meinem besten Freund einmal mitteilte, ich würde aus Gründen des gottgefälligen Lebenswandels erwägen, das Zigarrenrauchen einzustellen (wozu sich immer auch ein Whisky gesellt), bat er inständig: „Tu mir das nicht an!"

Den eigentlichen Maßstab einer mystischen Ethik finden wir bereits im Alten Bund. Samuel fragt Saul – und legt ihm gleich die richtige Antwort dar:

Was gefällt dem Herrn mehr: deine Brandopfer und Opfergaben oder dein Gehorsam gegenüber seiner Stimme? Ihm zu gehorchen ist sehr viel besser, als ein Opfer darzubringen, auf ihn zu hören ist besser als das Fett von Widdern.
1. Samuel 15,22

Jesus fasst diese Haltung bündig in einen Slogan – und zitiert doch nur den Propheten Hosea:

„Geht und lernt, was es heißt: Barmherzigkeit will ich, nicht Opfer!" (Matthäus 9,13 / Hosea 6,6).

Im Gespräch sagt ein Schriftgelehrter zu Jesus: „‚Und ich weiß auch, dass es wichtig ist, ihn [Gott] von ganzem Herzen, mit all meinen Gedanken und all meiner Kraft zu lieben und meinen Nächsten zu lieben wie mich selbst. Das ist weit wichtiger, als all die Brandopfer und Opfergaben darzubringen, die vom Gesetz vorgeschrieben werden.' Als Jesus sah, welche Einsicht dieser Mann besaß, sagte er zu ihm: ‚Du bist nicht weit vom Reich Gottes entfernt'" (Markus 12,33f).

Im Reich Gottes gelten eben andere Regeln. Dieses Reich ist noch nicht vollendet, wie ich jeden Tag spüre. Aber es hat bereits angefangen, wie ich auch täglich erfahren darf. Religiöse Regeln mögen die Funktion haben, unser Leben und Glauben zu ordnen, aber göttlichen Ursprungs sind sie nicht. Allein die Zehn Gebote dürfen eine heilige Universalität beanspruchen. Zusammengefasst werden sie im Gebot der Liebe. Und zur liebenden Erkenntnis gehört auch jene des Paulus, die ich mir zu eigen machen will:

„Mir ist alles erlaubt. Aber nicht alles ist gut. Es ist mir zwar alles erlaubt, doch ich will mich von nichts beherrschen lassen" (1. Korinther 6,12).

Liebe und tu, was du willst

„Herr, du kennst mich durch und durch. Du kennst meine Gedanken und weißt genau, dass ich dich liebe" (Jeremia 12,3a). Aus vollem Herzen kann ich dieses Gebet des Jeremia mitsprechen. Doch beim Propheten, ebenso wie bei mir selbst, dräut der aufkeimende Hochmut: als würde die Liebe zu Gott mich automatisch zu einem besseren Menschen machen! Jeremias Liebesbekenntnis ist umrahmt von harten Sätzen, die ich – bei allem Verständnis für seine Wahrnehmung der Welt – nicht nachsprechen mag: „Warum geht es den Menschen, die gar nicht nach dir fragen, so gut? Wie kann es sein, dass ungerechte Menschen in Ruhe und Frieden leben können? Du hast sie selbst eingepflanzt; sie haben auch Wurzeln geschlagen. Sie gedeihen und bringen Frucht. Sie reden ständig über dich, aber in ihrem Innersten wollen sie nichts von dir wissen. [...] Schleppe diese Menschen vor den Schlächter, wie man es mit hilflosen Schafen macht! Sondere sie aus und stelle sie zu denen, die getötet werden sollen!" (Jeremia 12,1f.3b).

Selbstverständlich fallen mir gleich ein paar lebende Beispiele ein, die in Jeremias Kategorie fallen: etwa der Mann, der mir androhte, aus der Kirche auszutreten, weil die Synode der Evangelischen Kirche im Rheinland beschlossen hat, ein Flüchtlingsboot zu unterstützen. Oder die Dame, die mit ihrer Mutter bei jedem Fest in der Gemeinde auftaucht, bei dem es etwas zu essen gibt (sonst aber nie), und dann spitz fragt, wer denn bekommt, was von der Tafel übrig bleibt: „Doch wohl nicht die Ausländer?" Der Referent fällt mir ein, der leidenschaftlich für ein Hilfsprojekt wirbt, und dann einen Mann aus dem Publikum, der eine harmlose Frage stellt, böse anschnauzt: „Sie sind still!" Ich könnte solcherlei Geschichten endlos weitererzählen, es fällt auch leichter, die Verfehlungen anderer zu betrachten als die eigenen ... Nein, für diese Leute, wie für mich selbst und den Rest der Menschheit, gilt: „Keiner ist gerecht – nicht ein Einziger. Denn alle Menschen haben gesündigt und das Leben in der Herrlichkeit Gottes verloren" (Römer 3,10.23).

Es gehört zu meinen banalen, aber auch bitteren Erkenntnissen als Glaubender: Christinnen und Christen sind keine besseren Menschen. Der Anspruch mag groß sein, die Realität ist ernüchternd. Doch wenn ich einsehe und bekenne, wie schwach ich bin, öffne ich mich der Gnade Gottes, ohne die gar nichts geht. Natürlich will ich ein guter Mensch sein, im Kleinen wie im Großen. Aber das Dasein in Raum und Zeit ist so kompliziert, die Probleme sind oft vielschichtig. Richtiges Handeln umfasst so viele Bereiche; man könnte angelehnt an Paul Watzlawick sagen, man kann nicht nicht sündigen. Mir ist kein Leben möglich, ohne mich schuldig zu machen an irgendjemandem, und seien es beim heiligmäßigsten Lebenswandel die ausgebeuteten Arbeiterinnen, gepeinigte Tiere oder die Natur.

Wiederum sind es Hiobs Freunde, die kritische Fragen stellen: „Hat der Allmächtige etwas davon, wenn du dich an seine Gesetze hältst, oder bringt es ihm Gewinn, wenn du ein rechtschaffenes Leben führst?" (Hiob 22,3). So Elifas, und Elihu setzt noch einen drauf: „Was kannst du Gott anhaben, wenn du sündigst? Welchen Schaden kannst du ihm zufügen, wenn du viele Verfehlungen begehst? Und wenn du vor Gott gerecht bist, was schenkst du ihm damit? Hat er denn etwas davon? Nein, deine Sünden können nur deinen Mitmenschen schaden, und deine guten Taten kommen bestenfalls anderen Menschen zugute" (Hiob 35,6-8).

Leider benutzen diese Herren ihre Fragen und Argumente allein dazu, Hiob fertigzumachen und ihm vor Augen zu führen, wie schlecht er sei, und, dass er sich alles selbst eingebrockt habe. Nehmen wir die Anmerkungen der beiden aber in der Sache ernst, berühren sie etwas Richtiges: Ich schade doch nicht Gott durch meine Schuld, sondern nur mir selbst! Die Vorstellung, Gott beleidigen zu können, ist letztlich Ausdruck von Hochmut.

Jesus Christus mahnt mich: „Was ihr für einen der Geringsten meiner Brüder und Schwestern getan habt, das habt ihr für mich getan! [...] Was ihr bei einem der Geringsten meiner Brüder und Schwestern unterlassen habt, das habt ihr an mir unterlassen!" (Matthäus 25,40.45). Will mir doch wohl sagen: Was ich tue und was ich lasse, hat Auswirkungen auf andere. Das muss mir bewusst sein.

Ich habe kaum eine Sünde ausgelassen in meinem Leben; meine Schlechtigkeit treibt mir die Schamesröte ins Gesicht. Doch die Schuld, die ich auf mich lade, lastet auf mir, nicht auf Gott. Und wenn ich positiv in diese Welt hineinwirke, hat zwar Gott nichts davon, aber es profitieren Menschen, Geschöpfe, die Schöpfung. Auf Erden rechnen wir auf. Aber gibt es bei Gott ein Sündenregister oder ein Guthabenkonto? Sünder sein heißt: Ein unvollkommener Mensch sein, nicht Gott. Ich stehe als Sünder vor Gott, angewiesen auf sein Erbarmen. Ob andere besser gelebt als ich, oder mehr auf dem Kerbholz haben, das ist nicht mein Problem.

Es ist mal wieder Paulus, der die richtigen Worte findet: „Das Gesetz ist also gut, weil es vom Geist Gottes kommt. Ich aber bin als Mensch wie in die Sklaverei verkauft und werde von der Sünde beherrscht. Ich begreife mich selbst nicht, denn ich möchte von ganzem Herzen tun, was gut ist, und tue es doch nicht. Stattdessen tue ich das, was ich eigentlich hasse. Ich weiß, dass mein Handeln falsch ist, und gebe damit zu, dass das Gesetz gut ist. Aber ich kann mir selbst nicht helfen, weil die Sünde in mir mich zum Bösen verleitet. Ich weiß, dass ich durch und durch verdorben bin, soweit es meine menschliche Natur betrifft. Denn immer wieder nehme ich mir das Gute vor, aber es gelingt mir nicht, es zu verwirklichen. Wenn ich Gutes tun will, tue ich es nicht. Und wenn ich versuche, das Böse zu vermeiden, tue ich es doch. Aber wenn ich tue, was ich nicht will, dann tue nicht ich es, sondern die Sünde in mir. Es ist anscheinend wie ein inneres Gesetz in meinem Leben, dass ich, wenn ich das Gute will, unweigerlich das Böse tue. Ich liebe Gottes Gesetz von ganzem Herzen. Doch in mir wirkt ein anderes Gesetz, das gegen meine Vernunft kämpft. Dieses Gesetz gewinnt die Oberhand und macht mich zum Sklaven der Sünde, die immer noch in mir ist. Was bin ich doch für ein elender Mensch!" (Römer 7,14-24).

Ich gestehe freimütig: Trotz meiner theologischen Bildung verstehe ich nicht alles, was Paulus schreibt. Aber ich spüre: Mir geht es wie ihm. Und ich kann ihm beipflichten, wenn er die rhetorische Frage, wer ihn von diesem von der Sünde beherrschten Leben befreien könne, selbst antwortet: „Gott sei Dank: Jesus Christus, unser Herr!" (Römer 7,25).

Im Gottesdienst fühle ich mich aufgehoben und Gott nahe. Doch die Bewährung des Glaubens ist die lange Zeit zwischen den Sonntagen. Da muss ich mich bemühen, meinen Egoismus zügeln, meine Faulheit überwinden, meine Zunge hüten, den Streit befrieden, die Triebe in Zaum halten, nicht auf Kosten anderer leben, meine Fantasie in Schwung bringen, wie etwas besser werden kann. Nicht um gute Werke wie Pluspunkte zu sammeln, sondern weil mir die Erfahrung zeigt:

Wenn ich das alles nicht mache und mich gehen lasse, entzieht sich Gott! Ich finde ihn nicht mehr. Ich suche ihn nicht einmal. Der Abstand wird immer größer.

Ich tue am liebsten, was ich will. Da unterscheide ich mich nicht vom Rest der Gattung. Das ist auch in Ordnung, wenn ich zuvor die höchste der göttlichen Tugenden beherzige. Der Kirchenvater Augustinus hat die Maxime der Christen in einen Leitsatz gefasst:

„Liebe und tue, was du willst!"

Damit ist das Gebot Gottes auf den Punkt gebracht. Menschen wollen nicht ständig lieben (außer sich selbst), Gott liebt immer. Gott will, dass auch ich liebe: ihn, die anderen, mich selbst.

Man muss Gott mehr gehorchen als den Menschen.
Apostelgeschichte 5,29

Ich will Gott mehr gehorchen als den Menschen, mehr als mir selbst ... Möge er mich dazu stärken!

Stark wie der Tod

Die Seligpreisungen der Bergpredigt sind das Kontrastprogramm zur Welt, wie sie damals war und wie sie heute ist. Was hier nichts gilt, ist bei Gott anerkannt und willkommen. „Selig sind die, die ein reines Herz haben, denn sie werden Gott sehen" (Matthäus 5,8). Was aber ist ein reines Herz – und was werden jene mit einem solchen Herzen sehen?

Ein reines Herz liebt, ohne Absicht und bedingungslos. Die Liebenden sehen Gott, der die Liebe selbst ist:

Wir haben erkannt, wie sehr Gott uns liebt, und wir glauben an seine Liebe. Gott ist Liebe, und wer in der Liebe lebt, der lebt in Gott und Gott lebt in ihm.

1. Johannes 4,16

Obacht, religiöse Rede über die Liebe droht schnell klebrig süß zu werden, schwülstig, kitschig und fernab der Realität. Die Liebe ist kein leichtes Unterfangen. 445 Millionen Treffer beim Stichwort Liebe in der Internet-Suchmaschine zeugen von ihrer Bedeutung, aber auch davon, dass sie Unmengen von Ausdrucksformen hat.

Liebe hat mit Sympathie zu tun, mit Zärtlichkeit und Leidenschaft, mit Sehnsucht, Verlangen, Eifersucht und Enttäuschung. Aus Liebe tue ich Dinge, die ich sonst gelassen hätte – und lasse solche, die ich sonst getan hätte. Liebe macht mich glücklich und unglücklich, sie schenkt Verschmelzung und Einsamkeit, sie ist eine unfassliche Macht: „Denn stark wie der Tod ist die Liebe und ihre Leidenschaft so unentrinnbar wie das Totenreich. Ihre Glut lodert wie Feuer; sie ist eine Flamme des Herrn. Große Wassermassen können die Liebe nicht auslöschen, Ströme sie nicht überfluten. Und wenn einer seinen ganzen Besitz hergäbe, um sich die Liebe zu erkaufen, so würde man nur über ihn spotten" (Hoheslied 8,6f).

In der Ethik dürfen wir uns vom Denken in starren Normen und Regeln verabschieden, die beanspruchen, immer und in jedem Fall bestimmen zu können, was gut und richtig ist. Vielleicht ist aus der Perspektive der Liebe viel mehr möglich! Für Paulus jedenfalls ist das Gesetz Gottes erfüllt, wenn wir lieben: „Bleibt niemandem etwas schuldig, abgesehen von der Liebe, die ihr einander immer schuldig seid. Denn wer den anderen liebt, hat damit das Gesetz Gottes erfüllt. Die Gebote gegen Ehebruch, Mord, Diebstahl und Begehren sind – wie auch alle anderen Gebote – in diesem einen Gebot zusammengefasst: ‚Liebe deinen Nächsten wie dich selbst.' Die Liebe fügt niemandem Schaden zu; deshalb ist die Liebe die Erfüllung von Gottes Gesetz" (Römer 13,8-10).

Der mystische Weg zu Gott führt über die Liebe. Mir wird schmerzlich bewusst, wie oft ich mich von diesem Pfad entferne. Da wundere ich mich noch, dass ich nur so schleppend vorankomme? Ein fieses Wort da, ein Wegsehen dort, Nachlässigkeit, Ungeduld, mürrisch und ungehalten sein, eine Gemeinheit ... – die Schleichwege, die von der Liebe wegführen, sind mir bekannt, es gibt sogar gut ausgebaute Autobahnen. Gott sehen werde ich nur, wenn ich ein reines Herz habe und liebe.

Es gibt allerdings keine allgemeingültige Handlungsanweisung, wann ich wie richtig liebe. Es geht um eine Lebenshaltung, eine Art zu existieren und mit dem, was mich umgibt, in Kontakt zu sein. Ob diese Erde ein menschenfreundlicher Ort ist, offen und frei und gerecht – das liegt auch in meiner Hand! Aus Liebe muss ich mich selbst kontrollieren und in Zaum halten, nachhaltig leben und auch andere durch ein entschlossenes Nein bremsen, die das Leben hier nur für sich selbst gut gestalten wollen. Wir müssen alle im Blick haben.

Ich bin nicht der Messias, ich kann die Welt nicht retten. Aber seine Liebe rettet mich. Paulus betet für die Christinnen und Christen in Ephesus – und auch für mich:
„Und ich bete, dass Christus durch den Glauben immer mehr in euren Herzen wohnt und ihr in der Liebe Gottes fest verwurzelt und gegründet seid. So könnt ihr mit allen Gläubigen ihr ganzes Ausmaß erfassen, die Breite, Länge, Höhe und Tiefe. Und ihr könnt auch die Liebe erkennen, die Christus zu uns hat; eine Liebe, die größer ist, als ihr je begreifen werdet" (Epheser 3,17-19).
Paulus öffnet mir die Augen: Die mickrige Liebe, zu der ich fähig bin, entspringt aus der Liebe Gottes zu mir. Öffne ich mich für Gottes Liebe, kann auch ich immer mehr lieben wie er.

Kapitel IV

*Jetzt weiß ich, dass es wahr ist:
Gott macht keine Unterschiede
zwischen den Menschen.*

Apostelgeschichte 10,34

Was allein bewegt

Es gibt Menschen, die mutterseelenallein auf einem Leuchtturm leben. Oder als Eremit im Wald. Doch selbst Robinson Crusoe freute sich, als er seine Insel-Einsamkeit mit Freitag teilen konnte. „Es ist nicht gut für den Menschen, allein zu sein" (1. Mose 2,18), befand Gott bereits ganz am Anfang. So leben wir Geschöpfe in der Regel in Gemeinschaften – von der Familie bis zum Staat. Zusammenleben ist nicht leicht, macht aber vieles leichter.

Das ist mit dem Glauben ganz ähnlich. Es glaubt jede und jeder für sich, aber es ist doch sinnvoll, die Gemeinschaft der Glaubenden im Rücken zu haben: die Kirche. *„Extra ecclesiam nulla salus"* (Außerhalb der Kirche kein Heil) – der Satz des Bischofs Cyprian von Karthago aus dem 3. Jahrhundert wurde von der Institution gern als dogmatischer Hammer benutzt. Dagegen beteuern mir gegenüber Ausgetretene immer wieder, sie könnten auch ohne Kirche glauben. Ich kann das nicht, ich brauche die Kirche, weil ich allein mit dem Mysterium des Glaubens überfordert wäre. Ich benötige den Austausch, die Tradition, den Anstoß anderer für ungewohnte Perspektiven, ihre Ermutigung, nach vorn zu schauen und nicht nur zurück. Wenn ich im Zweifel versinke, glauben andere für mich mit, ziehen und tragen mich, bis ich wieder Boden unter den Füßen habe. Das meint wohl auch der Satz „Außerhalb der Kirche kein Heil": Als Glaubender trittst du in eine neue Gemeinschaft ein, die dich aufnimmt und mitträgt, die aber auch deine Treue benötigt. Kirche, das ist mehr als meine persönliche Befindlichkeit. Die Kirche als Angebot und Raum des Glaubens, unabhängig vom Einzelnen und seiner Tagesform, sichert über die Jahrtausende hinweg unser geistliches Erbe.

So weit die goldene Theorie. In der Praxis ist es immer häufiger die Institution Kirche selbst, die mir und anderen das Glauben schwer macht. Was sind die Themen der gegenwärtigen Kirche? Ist es die Frage, wie wir die Botschaft Jesu ins 21. Jahrhundert tragen, in eine säkularisierte Welt hinein, zu den entwurzelten Zeitgenossen, die Schafen ohne Hirten gleichen (Matthäus 9,36)? Schön wär's. Wir aber diskutieren in der Kirche am liebsten über uns selbst, über Strukturen und Geld und darüber, wie wir in der Öffentlichkeit wahrgenommen werden.

Es geht jedoch noch abstruser. Bei einem Besuch in Belfast hörte ich im Jahr 2018, die Presbyterianische Kirche Irlands habe gerade beraten, ob Kinder aus gleichgeschlechtlichen Partnerschaften getauft werden dürften oder nicht ... – und es abgelehnt! Wen wundert es da, dass heute viele die Kirche für verzichtbar halten? Sie brauchen unsere Probleme nicht obendrauf. Außerdem gibt es da noch die schlechten Erfahrungen, die man mit Amtsträgern gemacht hat, wenn das persönliche Gesicht der Kirche sich uninteressiert, unfreundlich oder gar verletzend (und manchmal noch schlimmer) präsentiert hat.

Ich will nun nicht in die allseits beliebte Beschimpfung der Kirche einstimmen. Vielleicht leben wir trotz allem – um mich an eine Formulierung des Philosophen Gottfried Wilhelm Leibniz anzulehnen – in der „besten aller möglichen Kirchen". Das soll nicht über die reichlich vorhandenen Fehler, Missstände und Schwächen bis hin zu regelrechten Verbrechen (Stichwort Missbrauch) hinwegtäuschen, aber helfen zu akzeptieren, dass die Kirche *immer* unvollkommen sein wird. Dann darf sie aber auch den Mund nicht zu voll nehmen! Manches läuft heute schlechter als früher, doch manches auch besser.

Im Gespräch mit meinem besten Freund – der Ökonomie studiert hat und selbst kein Mitglied ist – wurde mir klar: Uns fehlt vielfach eine Vorstellung vom Alleinstellungsmerkmal der Kirche. Was hat sie, was andere nicht haben? Sozialarbeit? Unterhaltung? Kultur? Gemeinschaftserfahrung? Bildung? – Alles richtig, alles wichtig, doch das können andere auch, wenn nicht noch besser als wir. Wenn die Kirche sich scheut, Gott in den Mittelpunkt zu stellen, überrascht unser derzeitiges Erscheinungsbild nicht. Wir brauchen den Mut, uns aufs Wesentliche zu konzentrieren, und das ist nicht die Brauchtumspflege! Wir benötigen Möglichkeiten der Gottesbegegnung. Doch scheinen wir zu müde zu sein. Deswegen brauchen wir neue Energie, die nur Gott selbst schenken kann:

Nicht durch Gewalt und Kraft wird es geschehen, sondern durch meinen Geist, spricht der Herr, der Allmächtige.

Sacharja 4,6

Selbst im heiligen Köln liegt die Zahl der katholischen und evangelischen Christinnen und Christen gemeinsam mittlerweile unter fünfzig Prozent. In nicht allzu langer Zeit wird das für die ganze Bundesrepublik Deutschland gelten, in den neuen Ländern ist das schon lange so. Damit werden einige Privilegien, die die Kirche heute noch genießt, zu Recht auf den Prüfstand kommen. Den Anspruch unbedingter Besitzstandswahrung halte ich für den falschen Ansatz, das jetzige System raubt uns auch Energie. So wie Kirche heute ist, war sie früher nicht und wird sie in Zukunft nicht sein. Den Wandlungsprozess will ich nicht resigniert erdulden, sondern beherzt mitgestalten. Im Wissen: Nicht durch Gewalt und Kraft wird es geschehen, sondern durch seinen Geist.

Tragen und ertragen

Kirche ist kein Selbstzweck, sondern ein Werkzeug für den Glauben. Und dieses Werkzeug wird auch heute noch gebraucht. Die Kirche wird noch nicht als absolut verzichtbar angesehen. Wenn mir Eltern sagen, sie wünschen die Taufe für ihr Kind, damit es christliche Werte vermittelt bekomme, dann schätze ich das wert, gebe aber zu bedenken: Wir sind keine Moralagentur! Uns gibt es, damit wir an Gott erinnern, ihn zur Sprache bringen, Möglichkeiten der Erfahrung eröffnen.

Noch traut man uns etwas zu: Auf einem Symposion in Süddeutschland leitete ich eine Arbeitsgruppe; ein Teilnehmer stellte sich als Arzt und Atheist vor und berichtete von der Beerdigung einer Jugendlichen. Die maßlose Trauer der Eltern brach sich in einer Art Aggression Bahn – dem Schicksal (und Gott!) gegenüber. Sie hatten veranlasst: Die Trauerfeier sollte völlig nüchtern sein – ohne Pfarrer, ohne Redner, niemand sprach etwas, keine Musik. Da stand nur die Urne, und alle schwiegen. Der Arzt sah mich betrübt an: „Drei Notarzteinsätze hatten wir!" Die Klassenkameraden und Freunde der Verstorbenen verkrafteten diese Trostlosigkeit nicht; einige kollabierten. „Da hätte ein Pfarrer gut getan." Ja, das kann ich mir gut vorstellen: Es hätte gut getan, wenn da jemand gewesen wäre, der der Trauer und dem Leiden eine Stimme gibt – und Zeugnis ablegt von dem, was im Moment nicht da ist, aber verheißen ist: vom neuen Leben, das unvergänglich ist.

Kirche hat Zukunft, wenn sie sich nicht dauernd um sich selbst dreht. Man kann auch um sein Auto einen Riesenaufwand betreiben, mit allerlei Schnickschnack und Hochglanzpolitur, aber es dient doch in erster Linie der Fortbewegung! Die Kirche verlangt zu viel Aufmerksamkeit. Sie muss still und demütig dienen, im Hintergrund wirken, einfach da sein, damit der Laden läuft, damit Christinnen und Christen einen Rahmen haben für ihr Glauben und Wirken.

Das heißt aber konkret: Kirche sind wir! Kirche bin ich! Machen andere mit uns, mit mir ungute Erfahrungen, so wirft das ein schlechtes Bild auf die ganze Kirche. Erleben andere durch uns hier vor Ort, durch mich Befreiung und Trost, dann stärkt das die Bindung an die Kirche. Die Kirche trägt mich, aber ich muss sie auch tragen. (Gilt übrigens auch für das Verb „ertragen" ...)

Kirche hat Zukunft, wenn sie nicht sich selbst, sondern dem Geist Gottes vertraut. Jesus hat ihn den Seinen versprochen:

Und ich werde den Vater bitten,
und er wird euch einen anderen Ratgeber geben,
der euch nie verlassen wird.
Es ist der Heilige Geist, der in alle Wahrheit führt.

Johannes 14,16f

„Und nun werde ich euch den Heiligen Geist senden, wie mein Vater es versprochen hat. Ihr aber bleibt hier in der Stadt, bis der Heilige Geist kommen und euch mit Kraft aus dem Himmel erfüllen wird" (Lukas 24,49). – Welch glorreiche Verheißung! Ich werde in die Wahrheit geführt und mit Kraft vom Himmel erfüllt, wenn ich mich dem Geist Gottes nicht verschließe! Aus der Perspektive der Mystik ist der Heilige Geist der entscheidende Faktor: Er lässt alle konstruierte und geordnete Religion hinter sich.

Das ist für die Befürworter des Genormten und Üblichen schwere Kost. In der Pfingsterzählung der Apostelgeschichte, bei der „alle Anwesenden vom Heiligen Geist erfüllt" wurden (Apostelgeschichte 2,4), denken die Nichterfüllten: „Die sind ja besoffen!" Nur abwertend können sie sich die Veränderung der Begeisterten erklären, Betrunkene muss man ja nicht ernst nehmen. Das Phänomen kennt bereits Jesaja: „Haltet inne und staunt. Blendet euch selbst und erblindet. Sie sind betrunken, aber nicht vom Wein! Sie wanken, aber nicht vom Alkohol! Denn der Herr hat über sie einen Geist ausgegossen, der sie in einen tiefen Schlaf versetzt und ihre Augen verschließt" (Jesaja 29,9f).

Gottes Geist verändert! Unkonventionell und unerwartet wirkt er – darauf vertraue ich. Ich muss mich allerdings auch bewegen lassen und darf nicht verharren in dem, was ich kenne und mir schon vertraut ist. Zu lange habe ich mich – wenn auch unglücklich – mit dem Vorhandenen zufriedengegeben. Nun aber bin ich bereit, aufzubrechen und Altes hinter mir zu lassen: „Verlass deine Heimat, deine Verwandten und die Familie deines Vaters und geh in das Land, das ich dir zeigen werde" (1. Mose 12,1), fordert Gott Abram auf. Ich lese das auch als persönlichen Impuls für mich: Warte nicht darauf, bis du den genauen Weg und das exakte Ziel kennst, sondern mache dich auf den Weg in das Land, das Gott dir erst noch zeigen wird ... „Die Zukunft ist sein Land", heißt es im Lied von Klaus-Peter Hertzsch: „Vertraut den neuen Wegen".

Die Mystik liebt Metaphern der Bewegung. Es muss kein Widerspruch sein, wenn der Glaube der Kirche (auch) das „Immobile" schätzt. Im Epheserbrief verwendet Paulus für die Kirche das Bild eines Hauses, und ein solches soll standhalten: „Deshalb seid ihr nicht länger Fremde und ohne Bürgerrecht, sondern ihr gehört zu den Gläubigen, zu Gottes Familie. Wir sind sein Haus, das auf dem Fundament der Apostel und Propheten erbaut ist mit Christus Jesus selbst als Eckstein. Dieser Eckstein fügt den ganzen Bau zu einem heiligen Tempel für den Herrn zusammen. Durch Christus, den Eckstein, werdet auch ihr eingefügt und zu einer Wohnung, in der Gott durch seinen Geist lebt" (Epheser 2,19-22).

Mein mystischer Weg ist mit diesem Bild der Kirche kompatibel, ihr „Haus" dient mir als Herberge auf meinem Pilgerweg.

Ein Volk von Priesterinnen und Priestern

Wenn ich den Himmel betrachte und das Werk deiner Hände sehe – den Mond und die Sterne, die du an ihren Platz gestellt hast –, wie klein und unbedeutend ist da der Mensch, und doch denkst du an ihn und sorgst für ihn! Denn du hast ihn nur wenig geringer als Gott gemacht und ihn mit Ehre und Herrlichkeit gekrönt" (Psalm 8,4-6).

Dieses Gebet fasst die Spannbreite der biblischen Lehre vom Menschen zusammen. Einerseits: Was sind wir schon? Andererseits: Wir sind nur wenig geringer als Gott! Dieses Paradox trifft ganz gut mein Empfinden, wenn ich heute meine Existenz auf der Erde für überflüssig erachte, morgen aber wieder denke: Auf mich hat die Welt gewartet!

Sind wir aber alle gleich vor Gott? Oder sind manche gleicher, wie man mit George Orwell sagen könnte? Im Volk Israel war die besondere Stellung des Stammes Levi als Hüter des heiligen Zeltes von Gott angeordnet und somit von allen anderen akzeptiert. Die Priester genossen eine herausgehobene Stellung. Korach aber war das nicht genug, er opponierte gegen die beiden Anführer Mose und dessen Bruder Aaron: „Jeder Israelit ist heilig und der Herr ist mitten unter uns. Warum stellt ihr euch über das Volk des Herrn?" (4. Mose 16,3). Ob es Korach und den Männern, die er hinter sich gebracht hatte, wirklich um einen Abbau der Hierarchie ging? Oder wollte er nur selbst an der Macht beteiligt werden? Durch ein von Mose ausgerufenes Gottesurteil mussten Korach und seine Leute sterben. Die herausragende Position von Mose und Aaron blieb unangefochten.

In einer anderen Episode zeigt sich Mose großzügiger: „Da kam der Herr in der Wolke herab und redete mit Mose. Er nahm etwas von dem Geist, der auf Mose lag, und legte ihn auf die 70 führenden Männer. Sobald der Geist auf sie kam, weissagten sie. Dies geschah jedoch nur dieses eine Mal. Zwei Männer waren noch im Lager, als der Geist auf sie kam; der eine hieß Eldad, der andere Medad. Sie gehörten zu den führenden Männern des Volkes, waren aber nicht zum Zelt Gottes gegangen und begannen nun mitten im Lager zu weissagen. Ein junger Mann lief zu Mose und berichtete ihm: ‚Eldad und Medad reden im Lager prophetisch.' Josua, der Sohn Nuns, der von seiner Jugend an Moses Diener war, forderte: ‚Mose, mein Herr, hindere sie doch daran!' Doch Mose antwortete: ‚Willst du etwa meine Rechte eifersüchtig verteidigen? Ich wünschte mir, dass alle aus dem Volk des Herrn Propheten wären und dass der Herr seinen Geist auf alle legte!'" (4. Mose 11,25-29).

Wenn aber der Herr auf alle seinen Geist legte – wie kommt es dann zur differenzierten Hierarchie (übersetzt: „heilige Ordnung") – bis heute? Werden in diesen Konflikten aus der Exoduszeit die Diskussionen um Leitungsämter in der Kirche vorweggenommen? Wer bestimmt eigentlich, wer Amtsträger werden darf? Amtsträger? Das Volk der Gläubigen? Eine Person, die sich berufen fühlt, selbst? Oder Gott höchstpersönlich?

Aber ihr seid anders, denn ihr seid ein auserwähltes Volk. Ihr seid eine königliche Priesterschaft, Gottes heiliges Volk, sein persönliches Eigentum.

1. Petrus 2,9

Die Idee, dass das Priestertum nicht einigen Auserwählten vorbehalten bleibt, finden wir schon bei Mose. Gott spricht: „Ihr habt gesehen, was ich den Ägyptern angetan habe. Ich habe euch sicher hierher zu mir gebracht, so wie ein Adler seine Jungen auf seinen Flügeln trägt. Wenn ihr mir nun gehorcht und den Bund haltet, den ich mit euch schließen werde, sollt ihr vor allen anderen Völkern der Erde mein besonderes Eigentum sein, denn die ganze Erde gehört mir. Ihr sollt mir ein Königreich von Priestern, ein heiliges Volk sein" (2. Mose 19,4-6).

Theologische, liturgische oder seelsorgerliche Professionalität ist notwendig! Ich bin überzeugt: Wir brauchen gut ausgebildete Frauen und Männer im Dienst der Kirche, die das professionell tun und dafür angemessen bezahlt werden. Das heißt natürlich nicht, dass diese automatisch die besser Glaubenden wären. Der Aufruf, das Evangelium aller Welt zu verkünden, richtet sich an alle, die Jesus nachfolgen, ob haupt- oder ehrenamtlich. Die Barmer Erklärung, 1934 von der Bekennenden Kirche gegen den Einfluss der Nazis auf die Kirche formuliert, sagt dazu: „Die verschiedenen Ämter in der Kirche begründen keine Herrschaft der einen über die anderen, sondern die Ausübung des der ganzen Gemeinde anvertrauten und befohlenen Dienstes."

Priester bin ich nicht aufgrund von Weihe oder Ordination, und auch nicht abhängig von Geschlecht oder Bildungsgrad, sondern weil Gott mir diese Würde verleiht – wie auch allen anderen Menschen. Religiöse Amtspersonen haben besondere Aufgaben und Pflichten, auch Rechte – dürfen sich aber nicht über die anderen Gläubigen erheben. Der mystische Weg führt nicht über den Klerikalismus. Im Gegenteil: Er kann helfen, diesen zu demaskieren.

Gewiss, ich genieße als Pfarrer einen Vertrauensvorschuss, aber nur so lange, wie ich behutsam damit umgehe. Menschen öffnen mir ihr Herz, sprechen sich einiges von der Seele, lassen mich teilhaben an ihren Hoffnungen und in ihre Abgründe schauen. Was sie mir zeigen, ist eigentlich für Gott bestimmt.

Ich nehme es in seinem Auftrag entgegen und reiche es weiter an den Adressaten.

Im besten Fall kann ich meinen Amtsbonus so einsetzen, dass andere davon profitierten, Hilfesuchende, Unterprivilegierte, Menschen am Rande. Und einmal eine gut situierte Familie, die beim Konzert des berühmten Bonner Beethovenorchesters in unserer Kirche ihre Eintrittskarten zu Hause vergessen hatte. Weil es selbst Veranstalter war, hatte das Orchester einen eigenen Kartenkontrolleur mitgebracht. Bei dem legte ich ein gutes Wort ein. „Sie glauben den Leuten?", fragte der Abreißer. Ich nickte. „Dann glaube ich Ihnen", sprach er und ließ die Familie passieren. Pfarrer sein kann praktisch sein. Aber: „Gott bevorzugt niemanden" (Römer 2,11), stellt Paulus klar.

Wenn auch die Ämter, Positionen und Dienste in der Kirche durch Menschen vergeben und besetzt werden (und Gott von der Auswahl wahrscheinlich nicht immer angetan ist), so steht der Glaube selbst allen frei und offen. Ich selbst brauchte Zeit, um zu begreifen, dass Kapläne und Vikare, Pastorinnen und Pfarrer, Bischöfe und Superintendentinnen, Ordensleute und der Papst selbst wohl Fachleute für die Kirche sein können, aber nicht unbedingt für Gott. Die Koppelung priesterlicher Funktionen mit Führungsaufgaben in Kirche und Gemeinde muss nicht sein.

Über Gott lerne ich etwas im Spiel mit einem Kind, beim Kaffeetrinken mit einer Seniorin, beim Thekenplausch mit einem Arbeiter in der Kneipe oder am Krankenbett in der Klinik, wenn der Patient vor Rührung weint, weil ich ihm zum Segen die Hand auf den Kopf lege. Aber eben auch im Gottesdienst, wenn Schwestern und Brüder im Dienst der Verkündigung das Wort Gottes auslegen. „‚In den letzten Tagen', spricht Gott, ‚werde ich meinen Geist über alle Menschen ausgießen.

Eure Söhne und Töchter werden weissagen, eure alten Männer werden prophetische Träume und eure jungen Männer Visionen haben. In diesen Tagen werde ich meinen Geist sogar über Diener, ob Mann oder Frau, ausgießen, und sie werden weissagen'" (Joël 3,1f).

Die Welt ist voller Prophetinnen und Propheten, Priesterinnen und Priester; die meisten wissen wohl selbst nicht, dass sie dazu gehören. Gott nimmt in seinen Dienst, wen er braucht. Hoffentlich kann er auch mit mir etwas anfangen und mich nutzen.

Ist Gott nur unser Gott?

Es kommt gelegentlich vor, dass ich als evangelischer Pfarrer in einer katholischen Messe liturgisch mitwirke. So geschehen bei einem Beerdigungsgottesdienst: Ich hatte die Verstorbene gekannt und war gebeten worden, die Ansprache zu halten. Vor Beginn der Feier teilte ich dem Priester in der Sakristei mit, ich würde nicht an der Kommunion teilnehmen, um ihm und mir Ärger zu ersparen. Er bedankte sich: „Ja, leider." Dann, im Verlauf der Eucharistiefeier, als die Kommunionspendung anstand, wollte ich Platz nehmen – doch da trat der Priester vor mich: „Das geht doch jetzt nicht", sagte er leise, hielt mir die Hostie hin und sprach: „Der Leib Christi!"

Welch glückliche Erfahrung! Das Gefühl der Verbundenheit in Christus: stärker als Dogmatik und Kirchenrecht! Und, o Wunder, nur wenige Tage später erfuhr ich exakt die gleiche Situation, andere Stadt, anderer Priester, der wusste nichts von meinem Erlebnis kurz zuvor. Ich hatte dort das Wort Gottes in der heiligen Messe ausgelegt. Er reichte mir die Kommunion und flüsterte: „Wir können hier nicht beieinander am Altar stehen und dann beim Mahl getrennt sein." Jenseits des Verstandes und aller Regeln spürten wir die Einheit im Glauben. Mir kam ein Wortspiel in den Sinn: „Komm! Union!" – Leider wurde einer der beiden Priester anschließend bischöflich ermahnt; jemand aus der Schar der Gläubigen war überzeugt, diese Sache melden zu müssen ...

Natürlich kam den beiden Brüdern im geistlichen Amt zugute, dass sie mich kannten: „den Katholiken unter den Protestanten". Der bin ich auch für viele meiner evangelischen Geschwister, die das mitunter argwöhnisch beäugen. Doch sie wissen und akzeptieren: Meine Wurzeln reichen tief; im Bauch bin ich katholisch, im Kopf reformatorisch, eine ökumenische Symbiose. Dabei schätze ich den Begriff „Ökumene" mittlerweile nicht mehr besonders, er hat nach meinem Empfinden Patina angesetzt und klingt nach einer Methode von vorgestern. Ich finde, die Zeit des vorsichtigen Abtastens ist vorbei. *Miteinander* heißt die Devise, denn wir gehören zusammen, allen Unterschieden zum Trotz. Das Haus des Glaubens hat viele Räume, ich habe nur mal das Zimmer gewechselt. Was in der frühen Kirche galt, gilt heute umso mehr:

Denn ihr alle, die ihr auf Christus getauft worden seid, gehört nun zu Christus. Nun gibt es nicht mehr Juden oder Nichtjuden, Sklaven oder Freie, Männer oder Frauen. Denn ihr seid alle gleich – ihr seid eins in Jesus Christus. Und weil ihr nun zu Christus gehört, seid ihr die wahren Nachkommen Abrahams. Ihr seid seine Erben, und alle Zusagen Gottes an ihn gelten euch.
Galater 3,27-29

Als Teilnehmer eine Messe mitfeiernd, merkte ich auf, als der konservative Priester beim Friedensgruß den Plural betete: „Schau auf den Glauben deiner Kirchen!" Hatte er sich nur versprochen oder war das ein subversiver Akt? Denn neben der katholischen gibt es ja auch die evangelischen und orthodoxen Kirchen. Eine ungeheure Vielfalt tut sich auf. Warum sollte die Unterschiedlichkeit in der Ausformung des Glaubens im Kern des Glaubens trennen? Jesus sagt: „Glaube mir, es kommt die Zeit, in der es keine Rolle mehr spielt, ob ihr den Vater hier oder in Jerusalem anbetet" (Johannes 4,21). Was für Juden und

Samaritaner gilt, sollte das nicht ebenso gelten für Altkatholiken, Quäker, Baptisten, Kopten, Unierte, Lutheraner, die Heilsarmee und römische Katholiken?

Nach traditioneller katholischer Lesart ist ja allein die römische Kirche die wahre, doch nicht einmal der Papst scheint das noch so ganz ernst zu nehmen. Die Piusbrüder hingegen meinen, die Fahne hochhalten zu müssen. In ihrem Mitteilungsblatt (481) lese ich: Christus „hat als einzige Kirche die römische Kirche gegründet. Diese theologische Wahrheit muss verkündet werden, wie auch die Geradlinigkeit in der Moral und die Strahlkraft der traditionstreuen Messe im tridentinischen Ritus" (P. Pagliarani FSSPX). Nun bilden die Piusbrüder eine verschwindende Minderheit. Doch antiprotestantische Ressentiments findet man selbst bei manchen gemäßigten römischen Katholiken, wie leider auch umgekehrt bei einigen evangelischen Christen noch uralte Vorurteile herumspuken; man sucht nach Bestätigung der Klischees.

Ein evangelisches Glaubensbuch widmet der Autor jenen, „die ihn lehrten, was es heißt, evangelisch zu sein". Mich interessiert, warum er das so hervorhebt. Brachten sie ihm denn auch bei, was es heißt, christlich zu sein? Bei einer Stellenausschreibung wurde eine Person mit „evangelischer Stimme" gesucht. Ich kann tiefe und hohe, leise und starke, raue und melodische Stimmen unterscheiden, aber woran erkennt man eine evangelische Stimme? Nimmt die Lust an der Unterscheidung denn kein Ende? Wer ausufernde theologische Debatten über kirchentrennende Themen führen will, möge das tun. Ich beteilige mich nicht daran. Und ich kann mir immer schwerer vorstellen, dass all dies im Sinne Jesu sein könnte. Der, so meinte ein Bekannter spitz, würde sich bei diesen Dauerdiskussionen im Grabe umdrehen, wenn er drin liegen geblieben wäre ... Oder er würde weinen wie einst über Jerusalem.

Als sich Jesus kryptisch über sein Ende und seine Heimkehr zum Vater äußerte, verstanden ihn die Leute nicht und fragten irritiert: „Wo will er hingehen, sodass wir ihn nicht finden können? Will er etwa das Land verlassen und zu den Juden in anderen Ländern gehen, ja vielleicht sogar zu den Heiden?" (Johannes 7,35). Geradezu panisch klingt die Frage, weil sie den Vorstellungshorizont der Menschen bei Weitem überschreitet. Ist es heute immer noch unvorstellbar, dass Jesus auch zu den Evangelischen geht (aus katholischer Perspektive), auch zu den Katholischen (aus evangelischer)? Lächerlich. Doch wenn wir darüber nur den Kopf schütteln können, warum laufen wir dann weiter in getrennten konfessionellen Bahnen? Der mystische Weg ignoriert die Vorstellung, Konfessionen würden uns trennen – sie bereichern in ihrer Vielfalt unseren Glauben. Deutlich wird das in Bonn beispielsweise beim „Gebet für die Unbedachten": In einem vierteljährlichen Gottesdienst beten Christen unterschiedlichster Kirchen für Menschen, die auf Kosten der Stadt beerdigt wurden, wie Obdachlose und andere sozial „Außenstehende". Was spielt Kirchenmitgliedschaft hier noch für eine Rolle?

Beim Kirchentag in Dresden 2010 traf ich vor der Kreuzkirche zufällig auf Fulbert Steffensky. Wir gingen ein Viertelstündchen den gleichen Weg und sprachen als Konvertiten über das Heimweh im Glauben. Ich bin dem Mann so dankbar für sein Bild, die Konfessionen seien wie Dialekte des Glaubens: Selig, wer bilingual sein darf!

Die Kirchen mögen ihre Eigenarten pflegen. Aber wenn sie im Entscheidenden nicht zusammenhalten, werden sie es in einer zunehmend säkularen Welt schwer haben. Meine Devise: So viel wie möglich gemeinsam machen! Denn (daran möchte ich dezent erinnern) wir glauben an denselben Gott. Kleine Übung, man ersetze im folgenden Bibelzitat das Wort „Juden" durch eine beliebige Konfession: „Oder ist Gott nur der Gott der Juden? Ist er nicht auch der Gott aller Menschen? Natürlich ist er das. Es gibt nur einen Gott. Und es gibt nur einen Weg, von ihm angenommen zu werden. Nur aufgrund des Glaubens spricht er die Menschen vor sich selbst gerecht, ob sie nun Juden sind oder nicht" (Römer 3,29f).

Gottes Haus hat viele Türen

Nationen und Religionen neigen dazu, sich selbst für die wichtigsten der Welt zu halten. Aus der Binnenperspektive ist solch ein kollektiver Egoismus verständlich. Doch wer sich einmal umschaut, entdeckt: Es gibt außer uns noch viele andere. Für alle ist es besser, wenn wir gut miteinander auskommen. Was Gott beim Propheten Amos zu den Israeliten sagt, muss sie ziemlich gekränkt haben: „Glaubt ihr Israeliten etwa, ihr seid mir wichtiger als die Kuschiter? Ich habe euch aus Ägypten geführt, aber habe ich nicht genauso viel für andere Völker getan? Ich habe die Philister aus Kreta und die Aramäer aus Kir geführt" (Amos 9,7). Eine Demütigung für das auserwählte Volk!

Ein interreligiöser Dialog, wie wir ihn heute auf Augenhöhe führen, war in alter Zeit nicht denkbar. Doch keimte die Fantasie, dass es mit dem Gegeneinander ein Ende haben kann – wenn die Völker (also die Heiden) sich dem einen Gott zuwenden:

In den letzten Tagen wird der Berg, auf dem das Haus des Herrn steht, zum wichtigsten Gipfel werden und sich über alle anderen Berge erheben. Alle Völker werden zu ihm strömen. Scharenweise werden sie herbeikommen und sagen: „Kommt, wir wollen auf den Berg des Herrn, zum Haus des Gottes Israels, gehen. Dort wird er uns seine Wege lehren, damit wir auf seinen Pfaden gehen." Denn dann wird die Lehre des Herrn von Zion ausgehen und sein Wort von Jerusalem. Der Herr wird zwischen den Nationen richten und unter vielen Völkern Recht sprechen. Schwerter werden zu Pflugscharen und Speerspitzen zu Winzermessern umgeschmiedet werden. Keine Nation wird mehr gegen eine andere ziehen, und sie werden nicht mehr lernen, Krieg zu führen.

Jesaja 2,2-4

„Doch von Jerusalem wird es heißen: ‚Alle seine Bewohner sind darin geboren!'" (Psalm 87,5). In der Münsterschwarzacher Psalmen-Übersetzung lautet der Vers: „Dort ist ein jeder gebürtig!" Will sagen: Alle Menschen stammen von dort, ganz gleich, wo sie leben. Alle haben Heimatrecht bei Gott. Ich bete zu ihm: Garizim oder Jerusalem? Rom oder Wittenberg? In Mekka, am Ganges, unter dem Bodhibaum: Es spielt keine Rolle mehr! DU bist größer, weiter, offener, als wir verstehen können. Wir wollen dich definieren, ja zähmen, um besser mit dir umgehen zu können. Du lächelst ... in vielerlei Gesichtern!

Der mystische Weg überschreitet die Grenzen der Religionen, weil Gott sich nicht auf eine von ihnen festlegen lässt. Er offenbart sich hier und da. Das verbindet auch die Mystiker aus Judentum, Christentum, Islam, Hinduismus, Buddhismus, Taoismus und den Religionen der Völker. Wann immer ich dazu die Möglichkeit habe, preise ich Gott in Kirche und Moschee, in Synagoge und Tempel. Meine Heimat ist das Christentum, doch Gottes Haus hat viele Türen.

Die religionsbedingten Konflikte der heutigen Zeit, Überfälle und Terroranschläge, all die Gewalt und Grausamkeit scheinen diesem Ansatz diametral entgegenzustehen. Die Wirklichkeit ist oft entmutigend, aber ich darf auch nicht aus den Augen verlieren, dass die meisten Menschen unterschiedlicher Religionen friedlich miteinander leben. Die oft so bittere

Realität hat nicht die Macht, die Vision der Einheit zu vernichten. Gott, den wir Menschen JHWH, Allah, Manitu, Vater, Ahura Mazda, Brahma, Tao, Unimboti ...; wie auch immer nennen, ist *der Eine Gott*. In der Sprache Jesu klingt das so: „Und ich sage euch: Viele Menschen werden aus der ganzen Welt herbeiströmen und mit Abraham, Isaak und Jakob im Himmelreich zu Tisch sitzen" (Matthäus 8,11). – Möge bei dieser Mahlgemeinschaft ein Platz für mich freigehalten werden!

Belastete Wörter

Denn die Weisheit dieser Welt ist in Gottes Augen Torheit" (1. Korinther 3,19). So spricht der gelehrte Paulus. Ich würde es eher wie ein gewisser Agur ausdrücken, der im Buch Sirach zu Wort kommt. Ja, wie freue ich mich, wenn ich in der Bibel Sätze lese, die von mir stammen könnten:

„Ich bin müde, Gott; ich bin müde und erschöpft. Ich bin gar zu dumm für einen Menschen, ja ich besitze keinen Verstand. Weisheit habe ich keine, und Gott, den Heiligen, kenne ich nicht" (Sprüche 30,1-3).

Ich mache mir nichts vor: Wissen und Titel bringen auf dem mystischen Weg gar nichts. Da zählen ganz andere Qualitäten, nämlich – ich wage kaum, den Mund so voll zu nehmen – *Demut* und *Hingabe*. Das sind Eigenschaften, die schrecklich antiquiert klingen, aber mir schwant, dass sie heute so aktuell sind wie vor Jahrtausenden.

Demut, darin steckt Mut. Ich brauche Mut, mir selbst nichts vorzumachen. Anzuerkennen, wie schwach ich bin, obwohl ich doch vor den Augen der Welt einen ganz passablen Kerl abgeben mag. Demut zur Diagnose: Sobald Gott nicht mehr den Mittelpunkt meines Lebens bildet, quietscht und eiert meine Existenz.

In Momenten der Demut bin ich reif für die Hingabe. Ich will mich Gott hingeben und ernst machen mit dem, was ich längst als wahr erkannt habe:

Niemand hat Gott je gesehen. Aber wenn wir einander lieben, dann bleibt Gott in uns, und seine Liebe kommt in uns zur Vollendung.
1. Johannes 4,12

Aber! – Manchmal winselt es in mir, manchmal brülle ich: Aber! Das Leben ist hart und schwer, ich muss hier irgendwie durchkommen, muss bestehen, mich durchboxen. Mit Liebe gehe ich unter, fürchte ich, werde ich überrumpelt, löse mich auf.

Demut und Hingabe, diese Vokabeln lasten auf mir. Dabei ist mir klar (und es ist auch meine Erfahrung): Sobald ich auch nur ansatzweise demütig und hingebend lebe, werde ich entlastet. Frei! Mein Leben fühlt sich leicht an, weil Gott in mir ist und mich schweben lässt.

In mir läuft ein seltsamer und mühsamer Prozess um meine Absichten und Widersprüche ab. Ich fühle mich von Hiob verstanden, der einmal klagt: „Ach, wäre es wie in meinen besten Jahren, als Gott mir ein vertrauter Freund war" (Hiob 29,4). Am Ende seiner Auseinandersetzung mit Gott spricht er voll Demut: „Bisher kannte ich dich nur vom Hörensagen, doch jetzt habe ich dich mit eigenen Augen gesehen. Darum widerrufe ich, was ich gesagt habe, und bereue in Staub und Asche" (Hiob 42,5f). Zwischendurch jedoch, inmitten der quälenden Dispute mit Gott und mit seinen Freunden, inmitten des Kampfes mit sich selbst und seinen Dämonen, bekennt er, was ihm unendliche Kraft gibt: „Und doch weiß ich, dass mein Erlöser lebt und auf dieser Erde das letzte Wort haben wird. Mag meine Haut noch so zerfetzt und von meinem Fleisch wenig übrig sein, werde ich Gott doch sehen. Ich werde ihn sehen, ja, mit meinen eigenen Augen werde ich ihn erblicken, ohne jede Fremdheit. Danach sehnt sich alles in mir (Hiob 19,25-27).

Ohne jede Fremdheit Gott erblicken – danach strebt der mystische Weg. Er verlangt Demut und Hingabe. Das klingt furchtbar fromm. Fromm – noch so ein belastetes Wort: Es riecht nach Frömmelei, nach frommem Getue, nach „Lieber Gott, mach mich fromm, dass ich in den Himmel komm!" Als fromm bezeichnet zu werden, ist heutzutage eine Abwertung.

„Heiliges Rauschen" nennt Pastorin Anne Gidion eine religiöse Sprache, die sich im Allgemeinen verliert. Wahrscheinlich produziere auch ich hier solches Geklingel, weil mir die rechten Worte fehlen. Aber das ist mir doch klar: Am schlimmsten ist es, fromm zu tun, es aber nicht zu sein. Der Herr selbst tadelt: „Nicht alle Menschen, die sich fromm gebärden, glauben an Gott. Auch wenn sie ‚Herr' zu mir sagen, heißt das noch lange nicht, dass sie ins Himmelreich kommen. Entscheidend ist, ob sie meinem Vater im Himmel gehorchen" (Matthäus 7,21). Auch Paulus warnt vor schweren Zeiten, in denen Menschen so tun werden, „als seien sie fromm, doch die Kraft Gottes, die sie verändern könnte, werden sie ablehnen!" (2. Timotheus 3,5). Die Kritik ist also nicht neu.

Auch wenn man grammatikalisch die Wörter „demütig, hingebend und fromm" steigern kann, inhaltlich ist das Unsinn. Es geht nicht um einen Wettbewerb „fromm, frömmer, am frömmsten". Es geht um eine Art, zu leben – um die Kunst, zu glauben. Die Bibel nennt fromme Menschen gern „gerecht", was mit dem mittelhochdeutschen Ursprung des Begriffs korrespondiert, der auch „rechtschaffen" meint.

Fromm leben: alles von Gott erwarten! Inmitten dieser Welt, die alles andere als fromm ist. Das verlangt einiges von mir, und ich fürchte, dem Druck nicht standhalten zu können. Aber ich will es, und das ist der erste Schritt, der entscheidende. Eine Mystik des Alltags bewährt sich im Wahnsinn der Strudel und Bedrohungen meines Daseins. Wichtig ist, dranzubleiben, trotz allem. Dranzubleiben, auch wenn ich in diesem Bemühen, mich immer wieder in die Präsenz Gottes zu versetzen, mehr Scheitern als Gelingen erlebe.

Paulus beschreibt sein Programm für eine fromme Existenz detailreich und anschaulich. Spricht er von der Realität oder vom Ideal? Auf jeden Fall erreiche ich nur Großes, wenn ich mir Großes vornehme: „In allem, was wir tun, sind wir Diener Gottes. Geduldig ertragen wir alle möglichen Schwierigkeiten, Entbehrungen und Sorgen. Wir wurden geschlagen und ins Gefängnis geworfen. Mehr als einmal standen wir schutzlos einer aufgebrachten Menschenmenge gegenüber. Wir haben gearbeitet bis zur Erschöpfung, schlaflose Nächte ertragen und gefastet. Wir haben uns bewiesen durch unseren guten Lebenswandel, unsere Einsicht, unsere Geduld, unsere Freundlichkeit, unsere aufrichtige Liebe und durch die Kraft des Heiligen Geistes. Zuverlässig haben wir die Wahrheit gepredigt, und Gottes Kraft wirkte in uns. Unsere einzige Waffe, zum Angriff wie zur Verteidigung, ist Gerechtigkeit. Wir dienen Gott, ob die Menschen uns nun ehren oder verachten, ob sie uns verleumden oder loben. Wir meinen es ehrlich, doch sie schimpfen uns Verführer. Gott kennt uns, doch für sie sind wir Namenlose. Wir sind dem Tod nahe, doch wie ihr seht, leben wir noch. Wir wurden misshandelt, aber wir sind nicht gestorben. Unser Herz ist voll Leid, und doch erleben wir ständig neue Freude. Wir sind arm, aber wir machen andere reich. Wir besitzen nichts und haben doch alles" (2 Korinther 6,4-10).

Ich bin ein frommer Mensch und liebe schlichte Ausdrucksweisen für meinen Glauben. Etwa das Taizé-Lied: „Meine Hoffnung und meine Freude, meine Stärke, mein Licht, Christus, meine Zuversicht, auf dich vertrau ich und fürcht mich nicht."

Hinter allem

Ich weiß es nicht: Tauschen möchte ich mit keinem – wieso bin ich trotzdem unglücklich? Warum tue ich Dinge, die mir nicht gut tun? Ist der Mensch nicht eine komische Erfindung? Kann ich den enttäuschten Erwartungen entkommen – und den erwarteten Enttäuschungen? Ich weiß doch: Das Leben kann man nicht verstehen – warum stelle ich trotzdem so viele Fragen? Hat das Ganze eigentlich ein Ziel? Was wäre eigentlich das Ganze? Wohin flieht mein Schatten, wenn ich tot bin? Wie sehen Gottes Antworten aus? Und wie die Jünger will ich wissen: Bin ich es?

„Auf meinem ganzen heiligen Berg wird niemand mehr etwas Böses tun oder Unheil stiften, denn wie das Wasser das Meer füllt, so wird die Erde mit der Erkenntnis des Herrn erfüllt sein" (Jesaja 11,9). – Eindeutig eine Zukunftsvision, denn die Erkenntnis des Herrn hat die Erde offensichtlich noch nicht erfüllt, zumindest nicht mich.

Ich irre umher wie damals als Kind, als ich auf dem Kölner Hauptbahnhof Sorge hatte, meine Mutter zu verlieren; wir waren unterwegs zum Treffen der Sternsinger im Dom. Der Bahnhof wirkte faszinierend und beängstigend zugleich: ein Kommen und Gehen, ein großes Gewimmel. Als ich unlängst wieder durch den Bahnhof ging, kam er mir wie ein Sinnbild meiner Existenz vor: Hektik und Ruhe unmittelbar nebeneinander, Begrüßung und Abschied, einsame Reisende, Bettler, Ärger über Verspätungen und verpasste Züge, die Polizei patrouilliert, eine Sängerin erfreut mit ihren Liedern das Herz. Heute kann ich souverän durch den Bahnhof schlendern, aber tief in mir sitzt noch immer das Kind von damals, das sich sorgt, verloren zu gehen, und nur „Bahnhof" versteht ...

Seht, was für eine Liebe unser himmlischer Vater uns geschenkt hat, nämlich, dass wir seine Kinder genannt werden – und das sind wir auch! Doch die Menschen, die zu dieser Welt gehören, kennen Gott nicht; deshalb verstehen sie auch nicht, dass wir seine Kinder sind. Meine lieben Freunde, wir sind schon jetzt die Kinder Gottes, und wie wir sein werden, wenn Christus wiederkommt, das können wir uns nicht einmal vorstellen. Aber wir wissen, dass wir bei seiner Wiederkehr sein werden wie er, denn wir werden ihn sehen, wie er wirklich ist.
1. Johannes 3,1f

Das zumindest habe ich verinnerlicht: Ich darf ein Kind sein. Ich nenne Gott Vater und Mutter. Ich lebe im Jetzt und verzichte wie ein Kind darauf, mir Gedanken um die Zukunft zu machen. Natürlich, da ist das Grübeln und Sorgen des lebenserfahrenen Erwachsenen, aber eben auch irgendwie die Gewissheit, dass alles gut gehen wird, wenn ich Gott vertraue: „Früher wurde ihnen gesagt: ‚Ihr seid nicht mein Volk.' Doch jetzt sollen sie Kinder des lebendigen Gottes genannt werden" (Römer 9,26), zitiert Paulus den Propheten Hosea und macht damit deutlich, dass alle Menschen diese Kindschaft haben. Auch ich.

Je älter ich werde, desto mehr werden mir die großen Wahrheiten des Glaubens suspekt. Ob Maria jungfräulich den Herrn empfangen hat – das trieb mich schon als Jugendlichen um. Ob Jesus nach Gottes Plan den bitteren Tod am Kreuz für unsere Sünden erleiden musste – das beschäftigte mich als

Theologen intensiv. Warum Gott all das Leiden zulässt – diese Frage quälte mich geradezu. Die Antworten, die ich aus Studium, Lektüre, Predigt und Seelsorge sammelte und mir zu einem eigenen Konstrukt zusammenzimmerte, wirken heute so dürftig. Endlich habe ich den Mut – oder soll ich sagen: das kindliche Gemüt? – einfach zu sagen: Ich weiß es nicht! Aber Gott wird es wissen. (Ich bin es nämlich leid, Gott gegen meine Vorwürfe in Schutz nehmen zu müssen.)

Meine Bilder von Gott sind menschlich, allzu menschlich. Wird Gott nicht das Treiben auf der Erde amüsiert betrachten? Da sind jene, die an ihm zweifeln, mehr noch gibt es von denen, die sich gar nicht für Gott interessieren, und schließlich sind da einige, die ihn suchen und nach seiner Nähe schmachten. Das Gros aber, so vermute ich, sind wohl solche, in denen alle drei Typen parallel vorkommen … Und wird sich Gott nicht mit der Hand durchs Haar fahren und wohlwollend seufzen: „Ihr seid mir welche! Ach, ich liebe euch alle!"

Als ich ein paar Tage in einem Gästehaus am Rhein verbrachte, nutzte (nicht: vergeudete!) ich viel Zeit, um auf den fließenden Strom zu schauen. Alles fließt, wusste schon Heraklit, aber ich erkenne es ganz aus mir selbst: Nichts bleibt – und das ist kein furchteinflößender Gedanke, sondern ein befreiender! Er schenkt mir das, wonach ich mich so sehr sehne. Jesus Christus spricht: „Ich lasse euch ein Geschenk zurück – meinen Frieden. Und der Friede, den ich schenke, ist nicht wie der Friede, den die Welt gibt. Deshalb sorgt euch nicht und habt keine Angst" (Johannes 14,27).

Als Diener des Wortes rede ich viel über Gott und dabei wahrscheinlich viel Quatsch. Ich kann nur mit Paulus meine Zuhörenden bitten: „Ich hoffe, ihr habt Geduld mit mir, wenn ich noch ein wenig Unsinn rede. Seht es mir nach" (2. Korinther 11,1). Ich nehme ihm ab, dass er das hundertprozentig ernst gemeint hat: Wer mit Gott in Kontakt steht und von ihm spricht, der fühlt mit jeder Faser seines Seins, dass alle Worte schief sind, alle Bilder verzerrt, alle Verkündigung die Wahrheit dahinter verfehlt. Daher schließe ich mich auch diesem Wort des Apostels an: „Meine Botschaft und meine Predigt waren schlicht, ich gebrauchte keine klugen Worte und versuchte auch nicht, euch zu überreden, sondern die Kraft des Heiligen Geistes hat unter euch gewirkt" (1. Korinther 2,4).

Ein großer Missionar bin ich nicht. Doch es geht ja auch um Gottes Mission für uns. In ihrem Rahmen möchte ich meinen Glauben anbieten und teilen. Auch treibt mich Neugier, worauf andere vertrauen und wie sie erleben, was wir Glauben nennen. Ich bekenne mich zu meinen Erfahrungen: Gott ist! Nah und da. Gott spricht zu uns, zu dir, zu mir, zu jeder und jedem Einzelnen. Durch das Wort der Heiligen Schrift – aber nicht nur. Es ist ein Irrtum, anzunehmen, Gott komme nicht vor, wenn von Gott nicht gesprochen wird. Das Umgekehrte gilt übrigens auch!

Was ich glaube und was ich tue, wie ich lebe und welche Ansichten ich vertrete ..., das alles ist dem Wandel unterworfen. Sicher ist nur: Nichts ist sicher. Was ist schon richtig, was falsch? Was ist auf Erden schon ewig? Woran aber kann ich mich dann noch halten? An die Vernunft vielleicht? Dem Zeitgeist nach soll sie ja dem Glauben überlegen sein!? Ist sie das?

„Ihr werdet Gottes Frieden erfahren, der größer ist als unser menschlicher Verstand es je begreifen kann. Sein Friede wird eure Herzen und Gedanken im Glauben an Jesus Christus bewahren" (Philipper 4,7). – Mein Verstand will verstehen, aber jenseits von Verstehen, jenseits von Theologie, Kirche, Konfession, Religion, von Ordnungen, Geboten und Gesetzen liegt der Friede Gottes. Diesen wunderbaren Vers darf ich als traditionellen evangelischen Kanzelsegen der Gemeinde nach der Predigt zusprechen – und auch mir selbst: „Der Friede Gottes, welcher höher ist als alle Vernunft, bewahre eure Herzen und Sinne in Christus Jesus" (so die Lutherübersetzung).

Gott! Mehr, mehr will ich gar nicht, nicht weiter, weiter! Doch höher, höher als unsere klägliche Vernunft möge dein Friede mir Herz und Sinne bewahren.

Heimatgefühle

"Ah, heute ist ein Tag zum Sterben!" – Mit diesem Ausruf kann ein Wiener seiner Freude am Dasein Ausdruck verleihen: Alles ist gut, ich bin im Reinen, mir fehlt nichts. In diesem Gedanken zu Hause zu sein, danach verlangt mich: Keine Angst vor dem Tod zu haben, keine Angst vor dem Leben!

"Wir alle müssen irgendwann sterben. Unser Leben ist wie Wasser, das auf dem Boden verschüttet wurde und nicht wieder eingesammelt werden kann. Aber Gott löscht das Leben nicht aus!" (2. Samuel 14,14). So spricht eine weise Frau aus Tekoa, deren Name leider nicht überliefert ist; sie soll König David dazu bringen, wieder Kontakt mit seinem Sohn Absalom aufzunehmen (die beiden hatten sich entzweit). Sie spricht einfach, aber eindrücklich: Mach dir nichts vor, der Tod wird kommen, und alles was hinter uns liegt, versickert. Und doch bleibt etwas vom Leben: Gott löscht es nicht aus.

Das ist mir Trost genug, Versicherung meiner Existenz über den Tod hinaus. Ich liebe die Bilder, die die Bibel und die Tradition über das jenseitige Leben malen. Aber mir ist zu bewusst, dass das nur Symbole sind. Der fast kühl wirkende Bekenntnissatz Dorothee Sölles, sie werde nach dem Tod in Gott eingehen, genügt mir vollkommen. Zumindest rational. Wenn mein Herz mehr Streicheleinheiten braucht, dann halte ich es mit Paulus: "Aber unsere Heimat ist der Himmel, wo Jesus Christus, der Herr, lebt. Und wir warten sehnsüchtig auf ihn, auf die Rückkehr unseres Erlösers" (Philipper 3,20).

Da blitzt ein scharfes Wort auf: Heimat. Das ist da, "worin noch niemand war", wie der Philosoph Ernst Bloch am Ende seines Werkes „Das Prinzip Hoffnung" feststellt. So hart möchte ich es eigentlich nicht ausdrücken. Ich habe Heimat empfunden, gespürt, geschmeckt, nicht gebunden an einen Ort oder einen Menschen, sondern in der Erfahrung des lebendigen Gottes inmitten meines seltsamen Daseins. Gottes Erfahrung mit mir ist allerdings: Ich traue ihr nicht, meiner Gotteserfahrung. Traute ich ihr – was wäre alles möglich!

So bleibt mir nur die mühsame Wanderschaft durch die Zeit, der Ewigkeit entgegen. Die Anarchie der Welt bedrückt mich, doch in mir selbst sieht es ja auch kaum besser aus. Ich ziehe meiner Wege, irre wie das Volk Israel umher durch die Wüste. 40 Jahre – eine symbolische Zahl, und doch ein ernst zu nehmender Hinweis darauf, dass es lange Zeit braucht, anzukommen. „Sie meistern ja alles so bewundernswert", lobte mich jemand. Ich schmunzelte: Meistern? Ich bin ein Lehrling.

Ich halte mich Gott hin. – Und was so hingebend klingt, hakt doch am ersten Wort: „Ich". Dieses Monstrum. Es zu bändigen beschäftigt mich ununterbrochen. Für Augenblicke scheint es aufgelöst, verbunden, eins mit Gott. Ich versuche, diese Momente herbeizuführen, mit mäßigem Erfolg. Aber „Erfolg" ist ja auch keiner der Namen Gottes, wie Martin Buber sagt.

Das Reich Gottes wird nicht durch sichtbare Zeichen angekündigt. Ihr werdet nicht sagen können: „Hier ist es!", oder: „Es ist dort drüben!" Denn das Reich Gottes ist mitten unter euch.
Lukas 17,20f

Unter uns! Wo die Güte und die Liebe wohnt ... – da ist schon etwas davon da. Und in uns! Ein Stück vom Reich Gottes befindet sich auch in mir! Allerdings suche ich immer wieder den

Eingang, wie ein dementer Mensch, der die Haustür nicht mehr findet. Doch jene Momente, in denen ich mir dieses Reiches in mir bewusst werde, erfüllen mich mit Glück.

> „Du, du, du,
> die ich suchte, die ich fand –
> du mit mir, ich mit dir:
> Komm, reich mir deine Hand.
> Du, du, du
> hast mir alles übertroffen.
> Du mit mir, ich mit dir,
> der Himmel steht uns offen."

Diese Zeilen schrieb ich vor über dreißig Jahren als Liebesgedicht für meine Freundin. Doch die lange Beziehung führte bei aller Verbindung nicht zur Verschmelzung; die tut einer Ehe auch nicht gut. Das musste ich lernen. Dafür ging mir aber auf: Gott ist mir nicht nur ein Gegenüber, sondern ist in mir. So spreche ich heute den Text als Gebet:

> „Du, du, du,
> der mich glücklich macht und froh.
> Du mit mir, ich mit dir,
> alle Zeit und irgendwo."

Jesus ist so weit auf dem mystischen Weg vorangeschritten, dass er sagen konnte: „Der Vater und ich sind eins" (Johannes 10,30). Das ist keinem anderen Menschen möglich. Doch einen Funken des göttlichen Lichts – so bezeugt es Meister Eckhart – tragen wir alle in uns; die Quäker nennen es „das von Gott in jedem Menschen". Auch ich habe von IHM etwas in mir. Manchmal spüre ich ihn, manchmal setzt mich dieser

Funken in Brand. Öfter aber bete ich mit jenem Vater, dessen Sohn Jesus von einem bösen Geist heilt:

„Ich glaube! Aber hilf mir, dass ich nicht zweifle!" (Markus 9,24).

Jesus Christus hilft. Er öffnet den Weg zu Gott – für jede und jeden, für alle, die sich auf den Weg machen: Mystik für alle! *Deo gratias.*

**Georg Schwikart
im Verlag Neue Stadt**

Georg Schwikart
LEBEN. 100 %
Notizen eines Pfarrers
am Stadtrand

Mit einem Vorwort von
Franz Meurer. 160 Seiten,
ISBN 978-3-7346-1188-9

Sehr persönliche Betrachtungen über Gott und die Welt. Und „Ermutigungen, sich auf Gott einzulassen".
Jutta Specht in: Bonner Generalanzeiger

Ein Buch wie ein Mosaik. Viele einzigartige Steine fügen sich zu einem Kunstwerk. Dieses Kunstwerk ist das Leben. Vielleicht Georg Schwikarts persönlichstes Buch bislang.
Joachim Gerhardt in: PROtestant

Schwikart ist ein Wanderer zwischen den Konfessionswelten geblieben. Viele der Gedanken, Geschichten, Anekdoten des Buches zeigen das auf eine sehr ehrliche, geerdete und oft humorvolle Weise.
www.birnstein-liest.de

Zusammengetragen hat Schwikart ... viele Alltagsbegegnungen, Gebete und Aphorismen, die allesamt zeigen, wie bunt das Leben ist. Und der Pfarrer ist dabei sehr diskret geblieben; niemand muss fürchten, dass sein Name genannt wird.
Dieter Brockschnieder in: Kölnische Rundschau

Etty Hillesum
im Verlag Neue Stadt

P. Ferrière/I. Meeûs
DOCH, ES GIBT
EINE ANDERE WIRKLICHKEIT
Meditieren mit Etty Hillesum
128 S., ISBN 978-3-7346-1153-7

Eine schier unglaubliche Gotteserfahrung: Weg und Botschaft der niederländischen Jüdin, die 1943 in Auschwitz ermordet wurde.
»Wir sind vom Leid gezeichnete Kreaturen geworden ... – und dennoch ist dieses Leben in seiner Tiefe, die nicht zu fassen ist, gut. Trotz allem soll Gott bei uns in guten Händen sein« (Etty Hillesum).

Christian de Chergé
im Verlag Neue Stadt

C. Salenson
DEN BRUNNEN TIEFER GRABEN
Meditieren mit Christian de Chergé,
Prior der Mönche von Tibhirine
120 S., ISBN 978-3-7346-1153-7

Das Lebenszeugnis und die Botschaft von Christian de Chergé (bekannt u. a. durch den preisgekrönten Kinofilm »Von Menschen und Göttern« über die 1996 ermordeten Mönche von Tibhirine). »Jeder Mensch gleicht einem Wünschelrutengänger; keiner kann ihm die Suche nach der lebendigen Quelle abnehmen. Er muss in die Tiefe gehen, nach innen, auf den Grund des Brunnens« (M. Backes).

Mehr unter www.neuestadt.com

Ermes Ronchi
im Verlag Neue Stadt

Ermes Ronchi
DIE NACKTEN FRAGEN
DES EVANGELIUMS
192 S., geb., ISBN 978-3-7346-1112-4

Jesus liebte die Fragen. Fragen stimulieren, öffnen ... »Gott kann in unseren Kirchen an Langeweile sterben!«, stellt Pater Ronchi fest. Wie interessant, ja spannend die Sache des Evangeliums ist, dafür ist dieses Buch ein eindrucksvoller Beweis. »Wahnsinn. Dieses Buch ist bestimmt das Beste, was im Moment verfügbar ist, will man denn wirklich ernsthaft wissen, wie radikal die Liebe Gottes ist. Und was für eine Revolution und Umkehr es braucht« (Dr. Christian Hennecke).

Ermes Ronchi
BETEN IST MENSCHLICH
Variationen
über ein Grundbedürfnis
232 S., geb., ISBN 978-3-7346-1185-8

Ronchi ist überzeugt: Beten und Leben gehören untrennbar zusammen; denn Beten gehört zum Menschsein. In diesem facettenreichen Buch öffnet er Horizonte für Suchende, Glaubende, Zweifelnde. Mit dem italienischen Dichter G. Leopardi gesagt: »Beten heißt Schiffbruch erleiden im Unendlichen.« – »Gute Bücher über das Beten gibt es viele. Das von Ermes Ronchi ist ein noch besseres« (S. Kronthaler).

Mehr unter www.neuestadt.com

www.neuestadt.com